Das fehlende Bindeglied

Edda Kunert

Das fehlende Bindeglied
© 2021 Edda Kunert
serenad@bredband.net

Verlag: BoD – Books on Demand, Stockholm, Schweden
Druck: BoD – Books on Demand, Norderstedt, Tyskland
ISBN: 978-91-8007-543-5

Layout und Umschlagsseiten: Edda Kunert

Vorwort des Verfassers

Über vierzig Jahre war ich Mitglied einer adventistischen Gemeinde, und mein Leben war geprägt von den Richtlinien des Adventismus, bis ich eines Tages Dinge entdeckte, die das ganze adventistische *Lehrsystem* in Frage stellten.

Zu der Zeit des Aufkommens der Adventbewegung lebte Ellen Gould White (im Weiteren E. G. White), die im Adventismus als Prophetin angesehen wird und die einer der Gründer und Leiter dieser Freikirche war. E. G. White machte die folgende Aussage: „So gewiss Gott lebt, so gewiss besitzen wir die Wahrheit." **(1)** E. G. White sieht das adventistische Glaubenssystem als *„goldene Glieder, zusammengefügt zu einem vollkommenen Ganzen"* **(2)** und als ein *„vollständiges und logisches Wahrheitssystem"* **(3)** an. In diesem Buch wird jedoch dargelegt, dass ein wichtiges Bindeglied zwischen den *goldenen Gliedern* fehlt.

Der Anlass, dieses Buch zu schreiben, war teils eine historische Unmöglichkeit innerhalb des adventistischen Lehrsystems, die mir aufgefallen war, und teils meine Entdeckung der Ursache dieser historischen Unmöglichkeit. Der Zweck dieses Buches ist, die Tatsachen aufzuzeigen, die ich gefunden habe, damit der Leser die Möglichkeit hat, seinen Standpunkt in Bezug auf den Adventismus zu überprüfen.

Besonders möchte ich auch hervorheben, dass der Schwerpunkt dieses Buches auf theologischem Gebiet liegt und dass in keiner Weise Kritik an Adventisten als Menschen geäußert wird.

Möge dieses Buch vielen Menschen helfen, die wahre Natur des adventistischen *Wahrheitssystems* zu sehen. In diesem Sinne lege ich das Buch in die Hände des Lesers.

Edda Kunert
November 2021

Referenzen

1. White, E. G., *Aus der Schatzkammer der Zeugnisse*, Bd. 1, S. 544.

2. White, E. G., *Spirit of Prophecy*, Vol. 2, S. 508.

3. White, E. G., *The Great Controversy*, S. 423.

Die Bibeltexte in diesem Buch sind, wenn nicht anders angegeben, folgenden Bibelübersetzungen entnommen:

Deutsche Texte:
Die Bibel oder die ganze Heilige Schrift des Alten und Neuen Testaments nach der deutschen Übersetzung Dr. Martin Luthers, 1912, Privilegierte Württembergische Bibelanstalt, Stuttgart.

Englische Texte:
New American Standard Bible, © 1960, 1962, 1963, 1968, 1971, 1972, 1973, 1975, 1977 by the Lockman Foundation.

Texte aus den Apokryphen:
www.bibel-online.net/buch/Luther-1912

Inhaltsverzeichnis

Links
www.lifeassuranceministries.com
www.lifeassuranceministries.org

Und wenn ich hingehe
euch die Stätte zu bereiten,
so will ich wiederkommen
und euch zu mir nehmen, ...

Johannes 14,3

Kapitel 1

William Miller –
Beginn der Adventbewegung

William Miller (1782-1849) war ein Baptistenprediger in Amerika. Seine Aufmerksamkeit galt besonders den prophetischen Büchern Daniel (im Alten Testament) und der Offenbarung (im Neuen Testament). Der Inhalt seiner Predigt war, dass Christus irgendwann um das Jahr 1843 oder 1844 wiederkommen würde zur Erde. Als die Zeit näher kam, sagte Miller, dass die Wiederkunft Jesu am 21. März 1843 stattfinden würde. Dieser Zeitpunkt wurde später geändert in den 21. März 1844. **(1)** Millers Predigt zog große Scharen von Menschen an. Der Text, für den sich Miller besonders interessierte, war Daniel 8,13-14. Dort heißt es:

> „Wie lange soll doch währen solch Gesicht vom täglichen Opfer und von der Sünde, um welcher willen diese Verwüstung geschieht, dass beide, das Heiligtum und das Heer, zertreten werden? Und er antwortete mir: Bis zwei tausend drei hundert Abende und Morgen um sind; dann wird das Heiligtum wieder geweiht werden."

Miller glaubte, dass das Heiligtum, von dem in Daniel 8,14 die Rede ist, die Erde wäre, und dass Jesus am Ende der 2300 Abende und Morgen zur Erde zurückkehren würde, um sie zu reinigen. Aber die Geschichte zeugt davon, dass Jesus nicht kam zu der festgesetzten Zeit. Nun wurde das Datum für die Wiederkunft Christi nochmals geändert, dieses Mal in den 22. Oktober 1844. Miller hatte zu diesem Zeitpunkt schon seinen Irrtum eingesehen und die Bewegung verlassen. **(1)** Unter denen, die an Millers Verkündigung festhielten, waren unter anderem Hiram Edson und Ellen Gould White.

Als Jesus am 22. Oktober 1844 auch nicht kam, erlebten die Gläubigen eine schwere und bittere Enttäuschung. Sie konnten nicht verstehen, weshalb Jesus nicht gekommen war. Sie waren ganz sicher, dass die Berechnung der Zeit richtig war. Aber sie hatten nicht bedacht, dass es im Widerspruch zu Jesu eigenen Worten war, eine Zeit für seine Wiederkunft zu bestimmen.

Da hatte Hiram Edson, einer der Gläubigen, die an Millers Verkündigung festhielten, eine Eingebung oder ein „Gesicht". Er meinte, dass die Berechnung der Zeit völlig richtig war, dass es jedoch das falsche Ereignis wäre, worauf sie gewartet hätten. Edson sagte, dass Jesus, anstatt zur Erde zu kommen, in das Allerheiligste im himmlischen Heiligtum eingetreten sei, um es von den bekannten Sünden der Gläubigen zu reinigen, welches gleichbedeutend sei mit dem „Untersuchungsgericht". Nun hatten die Gläubigen eine Erklärung dafür, dass Jesus nicht gekommen war. Die Lehre vom Untersuchungsgericht hat in Hiram Edson ihren Ursprung. Später bestätigte E. G. White diese Lehre, die dadurch unlösbar mit dem Adventismus verbunden wurde. Mehr über diese Lehre weiter vorn in diesem Buch (Kapitel 9). Der vermeintliche Eintritt Jesu am 22. Oktober 1844 in das Allerheiligste im himmlischen Heiligtum wird vom Adventismus als eine Erfüllung von Daniel 8,14 angesehen. Dieser Text sagt:

> „Bis zwei tausend drei hundert Abende und Morgen um sind; dann wird das Heiligtum wieder geweiht werden."

Dieser Text (Daniel 8,14) wird in adventistischer Theologie vor allen anderen als die „Grundlage und der Hauptpfeiler des Adventglaubens" betrachtet. (2) Weiter vorn in diesem Buch wird der Leser erfahren, wie William Miller die Zeit für Jesu Wiederkunft ausrechnete. Dann werden wir uns auch der Stelle nähern, wo das Bindeglied in dem adventistischen Glaubenssystem fehlt. Tatsache ist, dass die Anfänge des Adventismus auf die falschen Prophezeiungen über Jesu Wiederkunft zurückgehen. (3)

Referenzen

1. https://www.britannica.com/topic/Adventism#ref979171
2. White, E. G., *Der grosse Kampf*, S. 411.
3. https://www.gotquestions.org/Ellen-G-White.html

Also hat Gott die Welt geliebt,
daß er seinen eingeborenen Sohn gab,
auf daß alle, die an ihn glauben,
nicht verloren werden, sondern
das ewige Leben haben.

Johannes 3,16

Kapitel 2

Ellen Gould White – Wer war sie?

Ellen Gould White (1827-1915) wurde einer der Leiter in der Gruppe von Gläubigen, die an William Millers Verkündigung festhielten. Sie war ursprünglich Methodist, wurde aber von der methodistischen Gemeinde ausgeschlossen, weil sie an Millers Verkündigung einer Zeit für Jesu Wiederkunft festhielt. (1) Sie schloss sich dann der Gruppe von Adventgläubigen an. (2) Nachdem Miller seinen Irrtum bekannt hatte, begann E. G. White, Gesichte zu bekommen. Und sie sagte, dass Millers Berechnungen von Gottes Hand geleitet gewesen seien und nicht geändert werden sollten ... (3)

E. G. White wurde dann die geistliche Leiterin der neuen Gemeinschaft. Ihre literarische Produktion war umfangreich. Sie bereiste viele Länder und sprach auf adventistischen Versammlungen. Noch heute wird sie im Adventismus als eine Prophetin betrachtet, und ihre Ratschläge bezüglich Erziehung und Ausbildung werden fleißig angewendet in der Gemeinde. Sie bestätigte Hiram Edsons „Gesicht" bezüglich Jesu Eintritt am 22. Oktober 1844 in das himmlische Allerheiligste und auch das Untersuchungsgericht.

Obwohl E. G. White vieles geschrieben hat, das erbauend und schön ist, gibt es Anlass, sie nicht als eine Prophetin Gottes anzusehen, denn sie hat Lehren bestätigt, für die es keinen Beweis in der Bibel gibt, ja, die sogar der Bibel widersprechen. Einerseits schien es E. G. White wichtig gewesen zu sein, dass eine Lehre mit der Bibel bewiesen werden kann. Sie schreibt:

> „Ehe wir irgendeine Lehre oder Vorschrift annehmen, sollten wir ein deutliches ‚So spricht der Herr!' als Beweis dafür verlangen." (4)

„Sie (Gottes geprüfte Kinder, Anm. d. Verf.) werden sich stets nur auf das lebendige Wort, auf ein ‚es steht geschrieben' stützen. Das ist die einzige Grundlage, auf der sie sicher stehen können." **(5)**

Doch andererseits gibt es sonderbare Aussagen von ihr, die Anlass geben, sie nicht als eine Prophetin Gottes anzusehen. Hier ist ein solches Zitat von ihr (Fettdruck d. Verf.):

„Wenn die Kraft Gottes bezeugt, was Wahrheit ist, muss diese Wahrheit immer als Wahrheit dastehen. Keine zusätzlichen Annahmen, die dem Licht, welches Gott gegeben hat, widersprechen, dürfen gemacht werden. Männer werden auftreten mit Auslegungen der Bibel, die für sie wahr sind, die jedoch nicht Wahrheit sind. Gott hat die Wahrheit für diese Zeit gegeben als Grund für unseren Glauben. Er selbst hat uns gelehrt, was Wahrheit ist. Der eine oder andere wird auftreten mit neuem Licht, welches dem Licht, das Gott durch die Offenbarung seines Heiligen Geistes gegeben hat, widerspricht. …

Wir dürfen das Wort jener nicht annehmen, die mit einer Botschaft zu uns kommen, welche **den besonderen Punkten unseres Glaubens** widerspricht. Sie sammeln eine Menge Texte aus der Bibel und legen sie vor als Beweis für ihre behaupteten Theorien. … **Und während die Bibel Gottes Wort ist und beachtet werden muss, ist es ein großer Fehler, sie anzuwenden, wenn dadurch ein einziger Pfeiler erschüttert wird von dem Grund, den Gott die letzten fünfzig Jahre hindurch getragen hat.** Wer die Bibel auf diese Weise anwendet, weiß nichts von der wunderbaren Offenbarung des Heiligen Geistes, welche die vergangenen Botschaften, die Gottes Volk gegeben wurden, mit Kraft und Stärke umgeben hatten." **(6)**

Nach diesem Zitat sieht es E. G. White als großen Fehler an, mit Hilfe der Bibel eine Lehre auf ihren Wahrheitsgehalt zu prüfen, wenn durch die Anwendung der Bibel ein einziger Pfeiler erschüttert wird von dem Grund, „den Gott die letzten fünfzig

Jahre hindurch getragen hat". Der Grund, *„den Gott die letzten fünfzig Jahre hindurch getragen hat"*, sind die neuen Lehren, die durch E. G. White bestätigt worden sind und die mit dem Adventismus aufgekommen sind. Als E. G. White die oben zitierten Worte schrieb, waren die neuen Lehren nur ungefähr fünfzig Jahre alt, und die Apostel wussten nichts darüber. Weiter vorn in diesem Buch wird der Leser erfahren, um welche Lehren es sich handelt und dass der Grund, *„den Gott die letzten fünfzig Jahre hindurch getragen hat"*, durch die Anwendung der Bibel erschüttert worden ist.

Wenn etwas wahr ist, kann es von allen Seiten geprüft werden, und es bleibt wahr. Wenn jedoch etwas nicht stimmt, will man verhindern, dass es untersucht wird, damit die Unwahrheit nicht an den Tag kommt.

Man kann sich fragen, weshalb E. G. White wohl so entschieden davon abgeraten hat, mit der Bibel den Grund zu prüfen, den *„Gott die letzten fünfzig Jahre hindurch getragen hat"*, wenn durch die Anwendung der Bibel ein einziger Pfeiler dieses Grundes erschüttert würde. E. G. White hatte viele Gesichte, die sie behauptete, von Gott bekommen zu haben. Wenn die Mitteilungen in diesen Gesichten wirklich von Gott gewesen wären, hätte sie nicht davon abraten zu brauchen, sie an Hand der Bibel zu prüfen, denn sowohl ihre Gesichte als auch die Bibel hätten in solchem Fall denselben Urheber gehabt. Gott rät uns, die Geister zu prüfen, ob sie von Gott sind:

> „Ihr Lieben, glaubet nicht einem jeglichen Geist, sondern prüfet die Geister, ob sie von Gott sind; denn es sind viele falsche Propheten ausgegangen in die Welt." 1. Johannes 4,1.

Dadurch, dass E. G. White den Gläubigen abrät, an Hand der Bibel *„den Grund"* zu prüfen, *„den Gott die letzten fünfzig Jahre hindurch getragen hat, wenn dadurch ein einziger Pfeiler"* dieses Grundes *erschüttert würde*, werden Menschen gehindert, den Wahrheitsgehalt von dem zu erfahren, was Gott E. G. White gemäß ihrer eigenen Aussage in Gesichten gezeigt hatte.

Wir wollen nun noch einmal E. G. Whites Worte „*den Grund, den Gott die letzten fünfzig Jahre hindurch getragen hat*" näher betrachten. Der Grund, von dem hier die Rede ist, ist jung. Zu der Zeit, als E. G. White diese Worte schrieb, war dieser Grund nicht älter als etwa fünfzig Jahre. Auf diesem jungen Grund ruht der Adventismus. Dieser Grund enthält neue Lehren, von denen weder die Apostel noch die biblischen Propheten etwas wussten. Dieser Grund stimmt nicht überein mit dem alten, festen Grund, der aus den Schriften der Apostel und biblischen Propheten besteht. Wusste E. G. White womöglich davon, als sie so entschieden davon abriet, mit Hilfe der Bibel „*den Grund*" zu prüfen, „*den Gott die letzten fünfzig Jahre hindurch getragen hat*", falls die Zuhilfenahme der Bibel „*einen einzigen Pfeiler … erschüttern*" würde? Weiter vorn in diesem Buch wird der Leser sehen, dass der Grund, von dem E. G. White in dem oben erwähnten Zitat spricht, nicht die Prüfung durch die Bibel besteht.

Referenzen

1. www.truthorfables.com/Reasons_EGW_Harmon_family _disfellowshipped.htm

2. https://www.britannica.com/biography/William-Miller

3. White, E. G., *Early Writings*, S. 74.

4. White, E. G., *Der grosse Kampf*, S. 596.

5. White, E. G., *Aus der Schatzkammer der Zeugnisse*, Bd. 3, S. 243, 244.

6. White, E. G., *Counsels to Writers and Editors*, S. 31, 32.

Kapitel 3

Eine folgenschwere Annahme

Wir wollen uns ins Gedächtnis rufen, was im Vorwort zu diesem Buch stand. Dort wurden Worte der adventistischen Prophetin E. G. White zitiert. Sie schreibt, dass das adventistische Glaubens- oder Wahrheitssystem wie *„goldene Glieder, zusammengefügt zu einem vollkommenen Ganzen"* **(1)** und ein *„vollständiges, zusammenhängendes und logisches Wahrheitssystem"* **(2)** sei. Sie schreibt auch, dass dieses vollständige, zusammenhängende und logische Wahrheitssystem zeige, *„dass Gottes Hand die große milleritische Bewegung geleitet habe".* **(2)**

In diesem Kapitel wollen wir näher auf dieses Wahrheitssystem eingehen, das gemäß E. G. White wie *goldene Glieder in einem vollkommenen Ganzen* und wie ein *vollständiges, zusammenhängendes und logisches Wahrheitssystem* erscheint. Wir werden nun untersuchen, ob dieses Wahrheitssystem wirklich wie *goldene Glieder in einem vollkommenen Ganzen* und ein *vollständiges, zusammenhängendes und logisches Wahrheitssystem* ist.

Von einem vollkommenen Ganzen und einem vollständigen, zusammenhängenden und logischen Wahrheitssystem kann man nur sprechen, wenn kein Bindeglied fehlt. Wenn ein solches Glied fehlt, haben wir es nicht länger mit einem vollkommenen Ganzen und einem vollständigen, zusammenhängenden und logischen System zu tun. Wir nähern uns der Stelle, wo ein wichtiges Bindeglied in diesem Wahrheitssystem fehlt.

Wie kam Miller auf den Gedanken, dass Jesus im Jahr 1843 (das wurde später geändert in das Jahr 1844) wiederkommen würde zur Erde? Und wie hängt dieses Ereignis zusammen mit dem Bibeltext in Daniel 8,14, wo die Rede ist von 2300 Abenden und Morgen und dass das Heiligtum nach 2300 Abenden und

Morgen wieder gereinigt und geweiht werden sollte? Die adventistische Prophetin E. G. White schreibt **(3)**:

> „Die Bibelstelle, die vor allen andern die Grundlage und der Hauptpfeiler des Adventglaubens war, ist die in Daniel 8,14 gegebene Erklärung: ‚Bis zweitausenddreihundert Abende und Morgen um sind; dann wird das Heiligtum wieder geweiht werden.'" Daniel 8,14.

Was ist hier gemeint? Von diesem Bibeltext heißt es in adventistischer Theologie, dass er vor allen andern die Grundlage und der Hauptpfeiler des Adventglaubens sei. Der Adventglaube ist der Glaube an die Wiederkunft Christi zur Erde. Wenn dieser Text als so wichtig angesehen wurde, dass er als *die Grundlage* und *der Hauptpfeiler des Adventglaubens* betrachtet wurde, musste er eine sehr wichtige Rolle gespielt haben in Millers Berechnung der Zeit für Jesu Wiederkunft. Da manche Leser vielleicht nicht vertraut sind mit dem adventistischen Glaubens- oder Wahrheitssystem, möchte ich dieses ausführlicher erklären.

In Daniel Kapitel 8 (im Alten Testament) beschreibt Daniel eine Vision, die er bekommen hatte. Diese Vision (oder dieses Gesicht) weckte William Millers großes Interesse. Im dritten Jahr der Regierung des Königs Belsazer bekam Daniel diese Vision. Nach *Benson Commentary* ist das dritte Jahr der Regierung des Königs Belsazer das Jahr 553 v. Chr. gewesen (siehe *https://biblehub.com/commentaries/daniel/8-1.htm*). In Daniel 8,1-27 ist die ganze Vision beschrieben. Daniel sah einen Widder mit zwei Hörnern, der von Westen her von einem Ziegenbock mit einem ansehnlichen Horn angegriffen und besiegt wurde. Daniel 8,3-7. Wir lesen nun ab Vers 8 in demselben Kapitel:

> „Und der Ziegenbock ward sehr groß. Und da er am stärksten geworden war, zerbrach das große Horn, und wuchsen an seiner Stelle ansehnliche vier gegen die vier Winde des Himmels. Und aus einem wuchs ein kleines Horn; das ward sehr groß gegen Mittag, gegen Morgen und

gegen das werte Land. Und es wuchs bis an des Himmels Heer, und warf etliche davon und von den Sternen zur Erde, und zertrat sie. Ja, es wuchs bis an den Fürsten des Heeres, und nahm von ihm weg das tägliche Opfer, und verwüstete die Wohnung seines Heiligtums. Es ward ihm aber solche Macht gegeben wider das tägliche Opfer um der Sünde willen, dass es die Wahrheit zu Boden schlüge und, was es tat, ihm gelingen musste. Ich hörte aber einen Heiligen reden; und ein Heiliger sprach zu dem, der da redete: **Wie lange soll doch währen solch Gesicht vom täglichen Opfer und von der Sünde, um welcher willen diese Verwüstung geschieht, dass beide, das Heiligtum und das Heer, zertreten werden? Und er antwortete mir: Bis zwei tausend drei hundert Abende und Morgen um sind; dann wird das Heiligtum wieder geweiht werden.**" (Fettdruck d. Verf.) Daniel 8,8-14.

Von dem Engel Gabriel bekam Daniel dann das Gesicht erklärt:

„Und ich hörte mitten vom Ulai her einen mit Menschenstimme rufen und sprechen: Gabriel, lege diesem das Gesicht aus ... Und er sprach: Siehe, ich will dir zeigen, wie es gehen wird zur Zeit des letzten Zorns (englisch: *Beleidigung, Verunglimpfung;* hebräisch: *Kränkung, Indignation;* Anm. d. Verf.), denn das Ende hat seine bestimmte Zeit (englisch: *die festgesetzte Zeit des Endes;* Anm. d. Verf.). Der Widder mit den zwei Hörnern, den du gesehen hast, sind die Könige in Medien und Persien. Der Ziegenbock aber ist der König in Griechenland. Das große Horn zwischen seinen Augen ist der erste König (Alexander der Große, Anm. d. Verf.). Dass aber vier an seiner Statt standen, da es zerbrochen war, bedeutet, dass vier Königreiche aus dem Volk entstehen werden, aber nicht so mächtig, wie er war. In der letzten Zeit ihres Königreichs, wenn die Übertreter überhand nehmen, wird aufkommen ein frecher und tückischer König. Der wird mächtig sein, doch nicht durch seine Kraft; er wird gräulich verwüsten; und es wird ihm gelingen, dass er's ausrichte. Er wird die Starken samt dem heiligen Volk verstören. Und durch seine Klugheit wird ihm der Betrug geraten; und er wird sich in seinem Herzen erheben, und mitten im Frieden wird er viele verderben, und wird sich auflehnen wider den Fürsten aller Fürsten; aber er wird ohne Hand zerbrochen werden. Dies Gesicht vom Abend und Morgen, das dir gezeigt ist, das ist wahr; aber du sollst das Gesicht heimlich halten, denn es ist noch eine lange Zeit dahin." Daniel 8,16-26.

Durch die Auslegung des Gesichtes durch den Engel Gabriel bekommt Daniel eine ausführliche Beschreibung von dem kleinen Horn in Daniel 8,9 und was dieses kleine Horn sich vornehmen sollte. Es sollte Gottes Volk (die Juden zu der Zeit) verfolgen und das tägliche Opfer wegnehmen (den täglichen Opferdienst im Heiligtum verbieten). Die Weissagung von den 2300 Abenden und Morgen erwähnt nicht, wann diese Zeitperiode beginnen sollte. Wir wissen daher nichts über einen Startpunkt für die 2300 Abende und Morgen. Das einzige, was wir erfahren aus dem Text, ist, dass die Verwüstung oder Verunreinigung des Heiligtums, das Verbot des täglichen Opferdienstes durch das kleine Horn in Daniel 8,9 und die Verfolgung von Gottes damaligem Volk 2300 Abende und Morgen währen sollte. Dann sollte das Heiligtum wieder gereinigt und geweiht werden. Daniel 8,13-14.

Wir haben bereits gesehen, dass William Miller sehr an diesem Bibeltext interessiert war. Nach 2300 Abenden und Morgen sollte das Heiligtum gereinigt und wieder geweiht werden. Miller glaubte, dass das Heiligtum in diesem Text die Erde bedeutete und dass Jesus nach 2300 Abenden und Morgen wiederkommen würde zur Erde, um sie zu reinigen. Es war jedoch kein Startpunkt für diese Zeitperiode angegeben.

Die Worte in Daniel 8,17 „... *denn dies Gesicht gehört in die Zeit des Endes*" und Daniel 8,19 „*Siehe, ich will dir zeigen, wie es gehen wird zur Zeit des letzten Zorns*" werden in adventistischer Theologie so ausgelegt, als würden sie auf das Ende der Zeit hinweisen. Im

Hebräischen **(4)** stehen hier die Worte *„in the latter time of the indignation"* (für „Zeit des letzten Zorns"), und die englische *New International Version* **(5)** gebraucht hier die Worte *„later in the time of wrath"* (für „Zeit des letzten Zorns") und *„the appointed time of the end"* (für „das Ende hat seine bestimmte Zeit"). Die *Orthodox Jewish Bible* gebraucht hier folgende Begriffe: *„In the latter part of the wrath period* (für „die Zeit des letzten Zorns") und *„at an appointed time the end shall be* (für „das Ende hat seine bestimmte Zeit"). **(6)**

Der Ausdruck *Zeit des Endes* (Daniel 8,17) verleitete die ersten Adventisten zu der Auffassung, dass sich das Gesicht (von den 2300 Abenden und Morgen) auf das Ende der Zeit oder das Ende der Welt beziehe. Der Begriff *the appointed time of the end* passt jedoch nicht gut zu dem Ende der Welt oder dem Ende der Zeit, denn der Zeitpunkt für das Ende der Welt oder der Zeit ist uns nicht bekannt. Dagegen war das Ende der 2300 Abende und Morgen bestimmt. Das Ende dieser Zeitperiode sollte am Ende der 2300 Abende und Morgen sein. Nun musste man nur wissen, wann die 2300 Abende und Morgen beginnen sollten, denn dann könnte man ausrechnen, wann sie zu Ende wären.

Damit wir uns noch mehr der Stelle nähern, wo das wichtige Bindeglied fehlt, muss hier noch ein weiteres Gesicht erwähnt werden. Das Gesicht von den 2300 Abenden und Morgen steht in Daniel Kapitel 8. Im nächsten Kapitel des Buches Daniel (Kapitel 9) finden wir das Gesicht, welches als nächstes betrachtet werden soll. Dieses Gesicht handelt von siebzig Wochen. Ehe wir jedoch zu diesem Gesicht gehen, soll hier erwähnt werden, dass man in adventistischer Theologie annimmt, dass die 2300 Abende und Morgen (Daniel 8,14) 2300 *„Tage"* bedeuten, genauer gesagt 2300 prophetische Tage, welche als 2300 wirkliche Jahre angenommen werden.

Da das Gesicht von den siebzig Wochen in dem Kapitel steht (Daniel Kapitel 9), das direkt auf das Kapitel folgt, welches von den 2300 Abenden und Morgen handelt (Daniel Kapitel 8), nahm man an, dass das Gesicht von den siebzig Wochen eine Fortsetzung des Gesichtes von den 2300 Abenden und Morgen

sei (für die siebzig Wochen war ein Anfangspunkt gegeben). Man nahm außerdem an, dass die 2300 Abende und Morgen „*Tage*" seien. In adventistischer Theologie spricht man von 2300 „*Tagen*". Man nimmt an, es handele sich um 2300 „*prophetische*"Tage, die als 2300 wirkliche Jahre gedeutet werden. Wir wollen aber nun zum Grundtext gehen. In dem Bibeltext in Daniel 8,14 steht hier **nicht** das Wort für „Tag" (yom) oder „Tage" (yamim), sondern „*erev*" (Abend) und „*boker*" (Morgen), welches „Abend und Morgen" bedeutet. Der Ausdruck „*Abende und Morgen*"in Daniel 8,14 lautet auf hebräisch „*erev-boker*" **(7)**. „Erev-boker" weist auf die Abend- und Morgenopfer hin, die täglich im Heiligtum dargebracht wurden und die zu den täglichen Zeremonien des levitischen Gottesdienstes gehörten. **(8)**
(https://biblehub.com/ojb/daniel/8.htm).

Nun zu dem Gesicht von den siebzig Wochen in Daniel Kapitel 9. Es war im „ersten Jahr des Darius, des Sohnes des Ahasveros", als Daniel dieses Gesicht bekam. Das ganze Gesicht steht in Daniel 9,20-27. Nach der *Encyclopedia of the Bible-Darius The Mede* hatte Darius das Königreich im Jahr 539 v. Chr. übernommen (es war das erste Jahr seiner Regierungszeit).
(https://biblegateway.com/resources/encyclopedia-of-the-bible/Darius-Mede).
Dasselbe Jahr gibt die schwedische Volksbibel *(Svenska Folkbibeln)* in der Anmerkung zu Daniel 9,1 an als erstes Jahr der Regierung des Darius (geschichtlich über zehn Jahre **nach** dem vorigen Gesicht, jenes von den 2300 Abenden und Morgen). In der Bibel folgt Kapitel 9 direkt auf Kapitel 8. Das trug dazu bei, dass die ersten Adventisten angenommen hatten, dass das Gesicht von den siebzig Wochen in Daniel Kapitel 9 einfach eine Fortsetzung des Gesichtes von den 2300 Abenden und Morgen in Daniel Kapitel 8 sei. Das ganze adventistische Glaubens- oder Wahrheitssystem baut auf der Auffassung, dass die beiden Gesichte zusammengehören würden. Aber erstens liegen geschichtlich über zehn Jahre zwischen den beiden Gesichten, eine Tatsache, die in der adventistischen Theologie nicht beachtet wird und worüber die meisten Adventisten (auch leitende Personen in dieser

Freikirche) in Unkenntnis sind. Und zweitens gibt es in der Bibel keinen Beweis dafür, dass die beiden Gesichte zusammengehören. Von den siebzig Wochen steht in der Bibel:

> „Siebzig Wochen sind bestimmt über dein Volk und über deine heilige Stadt, so wird dem Übertreten gewehrt, und die Sünde abgetan, und die Missetat versöhnt, und die ewige Gerechtigkeit gebracht, und die Gesichte und Weissagung versiegelt, und ein Hochheiliges gesalbt werden. So wisse nun und merke: von der Zeit an, da ausgeht der Befehl, dass Jerusalem soll wiederum gebaut werden, ...“ Daniel 9,24-25. (Die *Orthodox Jewish Bible* gebraucht hier für den Begriff „ein Hochheiliges“ den Ausdruck „*Kodesh HaKodashim*“, welches das Allerheiligste bedeutet.)

In Vers 25 wird ein Ereignis genannt, das nach der Bibel den Beginn der siebzig Wochen markiert. Die ersten Adventisten sind dabei auf das Jahr 457 v. Chr. gekommen, ein sehr wichtiges, entscheidendes Jahr in adventistischer Theologie.

Es gibt mehrere (nicht-adventistische) Auslegungen bezüglich des Beginns der siebzig Wochen in Daniel 9,25. Bei dem Lesen dieser zahlreichen Kommentare wird deutlich, dass es nicht so einfach ist, ein bestimmtes Jahr für den Beginn der siebzig Wochen festzustellen. Hier ist ein Beispiel:
Lange Commentary on the Holy Scriptures
(https://biblehub.com/commentaries/lange/daniel/9.htm).

Im Adventismus hat man dagegen das Jahr 457 v. Chr. bestimmt als Beginn der siebzig Wochen. Wie man dabei vorgegangen ist, ist im Zusammenhang mit diesem Buch von untergeordneter Bedeutung. Wichtig ist, dass man das Jahr 457 v. Chr. festgelegt hat als Anfang der siebzig Wochen. Diese Jahreszahl liegt unumstößlich fest in adventistischer Theologie, und das adventistische Lehrgebäude ist darauf aufgebaut.

Dass die Weissagung von den siebzig Wochen von dem Messias handelt, ist leicht zu verstehen. Hierin herrscht auch

Einigkeit in den verschiedenen Kommentaren zu Daniel 9 *(https://biblehub.com/commetaries/daniel/9.htm)*. Der Messias hat die *Sünde abgetan, die Missetat versöhnt und die ewige Gerechtigkeit* gebracht und ist nach seiner Himmelfahrt in das Allerheiligste *(Kodesh-HaKodashim)* im Himmel eingegangen. Hebräer 9,12. *(https://biblehub.com/hebrews/9-12.htm)*.

Die folgenschwere **Annahme**, dass das Gesicht von den siebzig Wochen in Daniel Kapitel 9 eine Fortsetzung des Gesichtes von den 2300 Abenden und Morgen in Daniel Kapitel 8 sei und dass die beiden Zeitperioden deshalb zusammengehören müssten, ist der Punkt, der zu der Entstehung der adventistischen Freikirche geführt hat, einer Gemeinde mit einem neuen, einmaligen Glaubens- oder Wahrheitssystem, das wahr aussieht, das aber schwere Widersprüche in sich birgt, die nur bei genauer Prüfung entdeckt werden können. Und dass die Annahme, es handele sich um 2300 **Tage** (prophetische Tage) ein Irrweg ist, wurde schon früher in diesem Buch hervorgehoben. Es sei nochmals wiederholt: Der Ausdruck „*Abende und Morgen*" bezieht sich nicht auf „*Tage*". Die *Orthodox Jewish Bible* gebraucht hier **nicht** das Wort für „Tage" *(yamim)*, sondern „*erev-boker*", welches auf Abend- und Morgenopfer hinweist. **(8)**

Wir haben nun das fehlende Bindeglied lokalisiert. Die **Annahme**, dass das Gesicht von den siebzig Wochen in Daniel Kapitel 9 eine Fortsetzung des Gesichtes von den 2300 Abenden und Morgen sei, ist eine Voraussetzung dafür, dass das adventistische Glaubenssystem mit seinen besonderen Lehren entstehen konnte. Das fehlende Bindeglied ist das Glied, welches ein biblischer Beweis oder ein deutliches Zeugnis der Bibel wäre, dass die zwei Gesichte zusammengehören. Aber dieses deutliche Zeugnis der Bibel gibt es nicht. Dennoch geht man in der adventistischen Theologie davon aus, dass die zwei Zeitperioden zusammengehören würden. Diese Auffassung wird bestätigt von der adventistischen Prophetin E. G. White und ist unerschütterlich verbunden mit adventistischer Theologie. Dass das deutliche Zeugnis der Bibel fehlt, welches der Beweis sein

24

könnte, dass die beiden Zeitperioden zusammengehören, zeigt, dass das adventistische Glaubens- oder Wahrheitssystem auf eine **Annahme** gegründet ist (und nicht auf das Zeugnis der Bibel).

Wir gehen nun zurück zu E. G. Whites Worten, die im Vorwort zu diesem Buch zitiert wurden. E. G. White beschreibt das adventistische Glaubenssystem als *„goldene Glieder, zusammengefügt zu einem vollkommenen Ganzen"* **(9)** und als ein *„vollständiges und logisches Wahrheitssystem"* **(2)**. Aber wir haben gesehen, dass der biblische Beweis fehlt, der bezeugen könnte, dass die beiden Zeitperioden zusammengehören. Wenn es einen solchen Beweis gäbe, hätte man nicht diese folgenschwere Annahme zu machen brauchen. Dass diese Annahme folgenschwer war, wird der Leser weiter vorn in diesem Buch (in Kapitel 8) sehen. Das fehlende Bindeglied in dem adventistischen Glaubenssystem ist das Glied, welches die *„goldenen Glieder"* **(9)** zu einem *„vollkommenen Ganzen"* und einem *„vollständigen und logischen Wahrheitssystem"* **(2)** verbinden könnte.

Auf die Annahme, dass die beiden Zeitperioden zusammengehören, folgten weitere Annahmen. Man nahm an, dass die siebzig Wochen in Daniel Kapitel 9 von den 2300 Abenden und Morgen in Daniel Kapitel 8 abgeschnitten seien. Eine weitere Annahme war, dass die siebzig Wochen vom **Beginn** der 2300 Abende und Morgen abgeschnitten seien. Auf diese Weise konnte man sagen, dass die zwei Zeitperioden denselben Anfangspunkt hatten, welches bedeutete, dass nun auch die 2300 Abende und Morgen einen Startpunkt hatten, denselben Anfangspunkt wie die siebzig Wochen, nämlich das Jahr 457 v. Chr. Jetzt konnte man ausrechnen, wann die 2300 Abende und Morgen zu Ende waren. Man hatte angenommen, dass es sich um 2300 „Tage" handelte, genauer gesagt 2300 „prophetische Tage", welches 2300 wirkliche Jahre wären. Auf diese Weise kam William Miller auf das Jahr 1843 n. Chr., das Jahr, in welchem er annahm, dass Jesus zur Erde zurückkommen würde. Später wurde das Jahr geändert und ein genaues Datum bestimmt, der 22. Oktober 1844. Besorgniserregend bei all diesem ist, dass es sich eben nur um

Annahmen handelt, dass es jedoch betrachtet wird, als sei es in der Bibel verankert.

Daniel 8,14 berichtet, dass das Heiligtum nach 2300 Abenden und Morgen gereinigt und wieder geweiht werden sollte. William Miller nahm an, dass das Heiligtum die Erde wäre und dass diese bei Jesu Wiederkunft gereinigt werden würde. Der Grund, weshalb man den 22. Oktober 1844 wählte, war die Meinung, dass der jährliche große Versöhnungstag der Juden im Jahr 1844 auf diesen Tag fiel. Man rechnete von dem Jahr 457 v. Chr. 2300 Jahre voraus in der Geschichte und kam dabei zu dem Jahr 1843 n. Chr. Da Jesus jedoch nicht zu der berechneten Zeit kam, änderte man das Datum in den 22. Oktober 1844. Als Jesus auch dieses Mal nicht kam, erlebten die wartenden Gläubigen eine große Enttäuschung. Sie konnten nicht verstehen, weshalb Jesus nicht gekommen war. Die Berechnung der Zeit stimmte, dessen waren sie sich ganz sicher. Was sie jedoch nicht bedacht hatten, war, dass es im Widerspruch zu Jesu eigenen Worten war, eine Zeit für seine Wiederkunft zu bestimmen. Denn kein Mensch weiß, wann dieses Ereignis stattfinden wird.

> „Von dem Tage aber und von der Stunde weiß niemand, auch die Engel nicht im Himmel, sondern allein mein Vater." Matthäus 24,36.

Millers Botschaft, dass Jesus im Jahr 1844 wiederkommen sollte, war demnach eine falsche Botschaft, die deshalb schon von vornherein dazu verurteilt war, in einer großen Enttäuschung zu enden. Im Übrigen teilt die Bibel keinen Startpunkt für die 2300 Abende und Morgen mit. Das Einzige, was man bezüglich dieser Zeitperiode wusste, war, dass sie 2300 Abende und Morgen dauern sollte. Da in der Bibel kein Startpunkt angegeben war, konnte man auch nicht ausrechnen, wann diese Zeitperiode zu Ende sein sollte. Die ganze Berechnung einer Zeit für Jesu Wiederkunft ruht ausschließlich auf der **Annahme**, dass das Gesicht von den 2300 Abenden und Morgen in Daniel Kapitel 8 und das Gesicht von den siebzig Wochen in Daniel Kapitel 9 zusammengehören würden. Auf diese Annahme folgten weitere Annahmen, und zwar dass die siebzig Wochen vom Anfang der 2300 Abende und Morgen abgeschnitten seien und dass deshalb die beiden Zeitperioden denselben Startpunkt hätten. Diese Annahmen haben verhängnisvolle Folgen, wie wir weiter vorn in diesem Buch sehen werden.

Referenzen

1. White, E. G. , *Testimonies fort the Church*, Bd. 3, S. 448.

2. White, E. G., *Der grosse Kampf*, S. 425.

3. White, E. G., *Der grosse Kampf*, S. 411.

4. https://biblehub.com/interlinear/daniel/8-9.htm

5. https://biblehub.com/niv/daniel/8.htm

6. https://biblehub.com/ojb/daniel/8.htm

7. https://biblehub.com/ojb/daniel/1.htm

8. https://biblehub.com/ojb/
   Esra 3,3 („Brandopfer des Morgens und des Abends", *boker and erev*);
   2. Chronik 2,4 („Brandopfer des Morgens und des Abends", *boker and erev*);
   2. Chronik 31,3 („Brandopfer des Morgens und des Abends", *boker and erev*);

9. White, E. G., *Spirit of Prophecy*, Vol. 2, S. 508.

Daran ist erschienen die Liebe Gottes
gegen uns, daß Gott seinen
eingeborenen Sohn gesandt hat
in die Welt, daß wir durch ihn
leben sollen.

1. Johannes 4,9

Kapitel 4

Die 2300 Abende und Morgen in Daniel 8,14 und die Jahreszahl 1844 n. Chr.

Unter den Gläubigen, die vergebens gewartet hatten, dass Jesus am 22. Oktober 1844 wiederkommen würde, befand sich Hiram Edson. Seiner Meinung nach war die Berechnung der Zeit vollkommen richtig, es sei jedoch das falsche Ereignis gewesen, auf das sie gewartet hatten. Hiram Edson meinte nun, dass Jesus, anstatt zur Erde zu kommen, die Tür zum Allerheiligsten im himmlischen Heiligtum geöffnet habe, um es von den bekannten Sünden der Gläubigen zu reinigen, was im Adventismus als der Beginn des *„Untersuchungsgerichts"* angesehen wird. Nun hatten die Gläubigen eine Erklärung für die schwere Enttäuschung, die sie erleben mussten, nachdem Jesus zu der bestimmten Zeit nicht gekommen war.

Die adventistische Lehre vom Untersuchungsgericht und Jesu angeblichem Eintritt am 22. Oktober 1844 in das Allerheiligste im himmlischen Heiligtum hat in Hiram Edson ihren Ursprung. E. G. White bestätigte dann diese Lehre, die auf diese Weise unlösbar mit dem Adventismus verbunden wurde. Diese Lehre wurde ein Hauptpfeiler in dem adventistischen Glaubens- oder Wahrheitssystem. Jesu vermeintlicher Eintritt am 22. Oktober 1844 in das Allerheiligste im himmlischen Heiligtum wird von Adventisten als eine Erfüllung von Daniel 8,14 angesehen. In adventistischer Theologie wird diese Bibelstelle *„vor allen andern"* als *„die Grundlage und der Hauptpfeiler des Adventglaubens"* **(1)** betrachtet.

> „Und er antwortete mir: Bis zwei tausend drei hundert Abende und Morgen um sind; dann wird das Heiligtum wieder geweiht werden." Daniel 8,14.

29

Man erwartete Jesu Wiederkunft am 22. Oktober 1844. Nun meinte man jedoch, dass Jesus an diesem Tag, statt zur Erde zu kommen, in das Allerheiligste im himmlischen Heiligtum eingetreten sei, wo er nach adventistischer Lehre mit der Reinigung des Heiligtums begonnen habe, welches gleichbedeutend sei mit dem Untersuchungsgericht, für das der jährliche große Versöhnungstag der Juden ein Symbol war. Auf diese Weise kam die adventistische Lehre von dem Untersuchungsgericht auf (mehr über diese Lehre weiter vorn in diesem Buch).

Die Jahreszahl 1844 n. Chr. sieht man in adventistischer Theologie als das Ende der 2300 Abende und Morgen an, jener Zeitperiode, während der das Heiligtum gemäß der Bibel verunreinigt oder entheiligt werden sollte. Unheimlich in diesem Zusammenhang ist, dass sich diese Jahreszahl nur auf eine Annahme gründet. Der 22. Oktober 1844 als Ende der 2300 Abende und Morgen hat seinen Ursprung in der folgenschweren Annahme, dass die siebzig Wochen in Daniel Kapitel 9 und die 2300 Abende und Morgen in Daniel Kapitel 8 zusammengehören würden. Das Bindeglied jedoch, das an dieser Stelle sein müsste als Beweis, dass die zwei Zeitperioden zusammengehören, fehlt. Es ist nicht da. Das ist das fehlende Bindeglied, an dessen Stelle man die folgenschwere Annahme gemacht hat, dass die 2300 Abende und Morgen und die siebzig Wochen zusammengehören, worauf weitere Annahmen folgten: dass die siebzig Wochen **vom Anfang** der 2300 Abende und Morgen abgeschnitten seien und dass die beiden Zeitperioden dadurch einen gemeinsamen Anfangspunkt hätten. Dass es sich bei dieser folgenschweren Annahme eben nur um eine Annahme handelt, ist unter den Adventisten allgemein nicht bekannt. Die allgemeine Auffassung in der Gemeinde ist, dass sich die Berechnung der Jahreszahl 1844 n. Chr. auf die Bibel gründet. Aber in dem Brief eines adventistischen Predigers an mich kam zum Ausdruck, dass leitende Personen in der Gemeinde wissen, dass es nur eine

Annahme ist, dass die zwei Zeitperioden zusammengehören und einen gemeinsamen Startpunkt haben sollen **(2)**.

Durch diese Annahme wurde der Grund für das adventistische Glaubens- oder Wahrheitssystem gelegt. Man nahm an, dass die Zeitperiode von den 2300 Abenden und Morgen im Jahr 457 v. Chr. begann und 1844 n. Chr. zu Ende war. Nach den 2300 Abenden und Morgen sollte das Heiligtum gereinigt und wieder geweiht werden (Daniel 8,14). Es wurde schon erwähnt in diesem Buch, dass Hiram Edson seine Gedanken vorlegte und meinte, dass Jesus am Ende der 2300 Abende und Morgen die Tür zum Allerheiligsten im himmlischen Heiligtum geöffnet habe, dort eingegangen sei und begonnen habe, das Heiligtum zu reinigen, was in adventistischer Theologie als das Untersuchungsgericht betrachtet wird. Nach der adventistischen Lehrmeinung dauert das Untersuchungsgericht immer noch an, bis zu diesem Jahr (2021) hat es nach dieser Lehre schon über 170 Jahre gedauert. Weiter vorn in diesem Buch handelt ein Kapitel ausführlich über das Untersuchungsgericht.

Referenzen

1.   White, E. G., *Der grosse Kampf*, S. 411.

2.   Brief eines adventistischen Predigers an mich vom 27. Juli 2011. „*Diese prophetische Zeitperiode* (die 2300 Abende und Morgen, Anm. d. Verf.) *scheint mit den 70 prophetischen Wochen verbunden zu sein, die im nächsten Kapitel angegeben sind.*"

Befiehl dem Herrn
deine Wege und hoffe auf ihn;
er wird's wohl machen.

Psalm 37,5

Kapitel 5

Erklärung verschiedener Begriffe

In diesem Buch kommen einige Begriffe vor, die Adventisten geläufig sind, die aber für manche Leser völlig neu sind. Deshalb möchte ich in diesem Kapitel in Kürze die Bedeutung solcher Begriffe darlegen, damit der Leser dem weiteren Text in diesem Buch leichter folgen kann.

(a) Das Heiligtum

Während über tausend Jahren war die Gegenwart Gottes auf Erden verbunden mit dem Heiligtum der Israeliten. Das Heiligtum wurde kurz nach dem Auszug aus Ägypten gebaut und wurde *„Hütte des Stifts"* (2. Mose 33,7) genannt. Dieses Zelt wurde später ersetzt durch den Tempel. Mose sollte dieses Heiligtum nach den Bildern bauen, welche er von Gott gezeigt bekommen hatte (2. Mose 25,40). Das Heiligtum war auf eine solche Weise gebaut, dass es leicht abgebaut und mitgenommen werden konnte, solange die Israeliten auf der Wanderung durch die Wüste waren. Durch die Zeremonien des Gottesdienstes, durch den Opferdienst im Heiligtum und die Vermittlung der Priester sollten die Israeliten lernen, wie sie sich Gott nahen konnten. Durch die Vermittlung des Hohenpriesters konnten sie auch in das Allerheiligste, in die Gegenwart Gottes, gelangen. **(1)**

Die Hütte hatte einen Vorhof, wo der Brandopferaltar und ein Waschbecken standen. Das eigentliche Heiligtum, die Hütte, bestand aus zwei Abteilungen. Die erste wurde *„das Heilige"* genannt und die zweite *„das Allerheiligste"*. Das Allerheiligste (die zweite Abteilung) wurde durch einen prachtvollen Vorhang von dem Heiligen (der ersten Abteilung) getrennt.

In der ersten Abteilung standen der Räucheraltar, der siebenarmige Leuchter und der Schaubrottisch. Auf den

Räucheraltar legte der Priester jeden Tag glühende Kohlen (vom Brandopferaltar) und Räuchwerk. Wenn das Räuchwerk auf die glühenden Kohlen gelegt wurde, stieg Rauch auf. Da der Vorhang zwischen dem Heiligen und dem Allerheiligsten nicht ganz bis oben an die Decke des Zeltes reichte, wurden beide Abteilungen mit Rauch erfüllt. Der Räucheraltar stand nahe an dem Vorhang, der das Allerheiligste von dem Heiligen trennte. In der ersten Abteilung, dem Heiligen, verrichteten die Priester jeden Tag während des ganzen Jahres ihren Gottesdienst.

In der zweiten Abteilung, dem Allerheiligsten, befand sich die Bundeslade mit dem Gnadenstuhl. In der Bundeslade wurden unter anderem die Steintafeln mit den zehn Geboten aufbewahrt. Auf der Bundeslade befanden sich zwei prachtvolle Cherubim (Engel) aus Gold, die ihre Flügel nach oben über den Gnadenstuhl ausbreiteten. In diese Abteilung, das Allerheiligste, ging der Hohepriester einmal im Jahr an dem großen Versöhnungstag und versöhnte die Israeliten mit Gott. Nach der levitischen Gottesdienstordnung durfte nur der Hohepriester in das Allerheiligste gehen.

Nach der adventistischen Auffassung war das irdische Heiligtum eine Kopie des himmlischen Heiligtums, ein Heiligtum mit zwei Abteilungen, dem Heiligen und dem Allerheiligsten. Im Adventismus meint man somit, dass das himmlische Heiligtum auch zwei Abteilungen habe, das Heilige und das Allerheiligste. Durch das Heiligtum mit seinem Gottesdienst und seinen Opferzeremonien sollten die Israeliten unterrichtet werden in Bezug auf den Weg, auf dem sie Vergebung erhalten und mit Gott versöhnt werden konnten. Die zeremoniellen Opfer, die täglich dargebracht wurden, waren ein Symbol für das große Opfer, das einst in der Zukunft dargebracht werden sollte, wenn der Messias sein Leben geben würde zur Versöhnung für die Sünden der Welt. Von Jesus Christus, dem Messias, steht geschrieben:

„… der zwar zuvor ersehen ist, ehe der Welt Grund gelegt ward, aber offenbart zu den letzten Zeiten um euretwillen, …" 1. Petrus 1,20.

Wir wollen nun lesen, wie das himmlische Heiligtum, Gottes Wohnung, in der Bibel beschrieben ist und ob das irdische Heiligtum wirklich das himmlische in Miniatur sein konnte.

„Und alsobald war ich im Geist. Und siehe, ein Stuhl war gesetzt im Himmel, und auf dem Stuhl saß einer; und der da saß, war gleich anzusehen wie der Stein Jaspis und Sarder; und ein Regenbogen war um den Stuhl, gleich anzusehen wie ein Smaragd. Und um den Stuhl waren vierundzwanzig Stühle, und auf den Stühlen saßen vierundzwanzig Älteste, mit weißen Kleidern angetan, und hatten auf ihren Häuptern goldene Kronen. Und von dem Stuhl gingen aus Blitze, Donner und Stimmen; und sieben Fackeln mit Feuer brannten vor dem Stuhl, welches sind die sieben Geister Gottes. Und vor dem Stuhl war ein gläsernes Meer gleich dem Kristall …" Offenbarung 4,2-6.

„Und ein anderer Engel kam und trat an den Altar und hatte ein goldenes Räuchfaß; und ihm ward viel Räuchwerk gegeben, dass er es gäbe zum Gebet aller Heiligen auf den goldenen Altar vor dem Stuhl." Offenbarung 8,3.

Diese Texte enthalten keinen Hinweis dafür, dass es im himmlischen Heiligtum zwei Abteilungen geben soll. Johannes sah einen Stuhl (ein Ausdruck für *Thron*), und jemand saß darauf. Der Stuhl (Thron) wurde im irdischen Heiligtum durch den Gnadenstuhl im Allerheiligsten symbolisiert. Außerdem sah Johannes sieben Fackeln, die in dem irdischen Heiligtum durch den siebenarmigen Leuchter im Heiligen (der ersten Abteilung) dargestellt wurden. Und Johannes sah einen goldenen Altar vor dem Thron (der Altar stand im irdischen Heiligtum in der ersten Abteilung, dem Heiligen). Alle Gegenstände, die Johannes sah, befanden sich in ein und demselben Raum, kein Vorhang trennte die Fackeln und den goldenen Altar von dem Thron. Dieses wird in adventistischer Theologie als ein Beweis angesehen, dass Johannes in das Heilige (die erste Abteilung) im himmlischen Heiligtum geschaut hat und dass sich auch Gottes Thron in der ersten Abteilung des himmlischen Heiligtums befunden haben soll. Wir werden später darauf zurückkommen.

(b) Das Untersuchungsgericht
In diesem Buch wurde schon erwähnt, wie durch Hiram Edson eine völlig neue Lehre aufkam, von der die Apostel nichts gewusst haben. Es ist die Lehre, dass Jesus, anstatt zur Erde zu kommen, am Ende der 2300 Abende und Morgen die Tür zum Allerheiligsten im himmlischen Heiligtum geöffnet habe, dort hineingegangen sei und mit der Reinigung des Heiligtums begonnen habe (welches gleichbedeutend sei mit dem Untersuchungsgericht). Diese Lehre setzt voraus, dass es im himmlischen Heiligtum zwei Abteilungen gibt, das Heilige und das Allerheiligste (so wie es im irdischen Heiligtum war). Dieses Buch enthält ein Kapitel besonders über die adventistische Lehre von dem Untersuchungsgericht (Kapitel 9).

(c) Der jährliche große Versöhnungstag
Der Versöhnungstag war ein heiliges Fest bei den Israeliten. Es fand am zehnten Tag des siebenten Monats statt (nach unserer Monatseinteilung September-Oktober). An dem Tag ging der Hohepriester in das Allerheiligste, um für die gläubigen Israeliten Versöhnung zu erhalten. **(1)**

(d) Das Heilige
„Das Heilige" war die Bezeichnung für die erste Abteilung im Heiligtum. Es wurde auch *„die vordere Hütte"* genannt. Im Neuen Testament hat der Begriff *das Heilige* unterschiedliche Bedeutungen je nachdem, in welchem Zusammenhang der Begriff angewendet wird. Die erste Abteilung im Heiligtum, die vordere Hütte, die ursprünglich *das Heilige* genannt wurde, hat mit dem

Tod Jesu aufgehört zu bestehen. Der Vorhang im Tempel zerriss in zwei Stücke von obenan bis unten aus (Matthäus 27,51). Nun gab es keine Abteilung mehr, die *das Heilige* genannt werden konnte, nun waren die zwei heiligen Räume (die erste und die zweite Abteilung) eine einzige heilige Hütte geworden. Diese heilige Hütte wird im Neuen Testament manchmal *das Heilige,* manchmal *das Allerheiligste* und manchmal *das Heiligtum* genannt. Durch den Tod Jesu wurde der Weg in das Allerheiligste offenbart, kein Vorhang trennte von nun an das Allerheiligste von dem Heiligen. Im Angesicht dieser Tatsache kann man aus dem Kontext eines Textes die richtige Bedeutung des Begriffes *das Heilige* verstehen, wenn es im Neuen Testament vorkommt. Weiter vorn in diesem Buch wird dieses ausführlicher behandelt.

Da man in adventistischer Theologie annimmt, dass das himmlische Heiligtum aus zwei Abteilungen besteht, dem Heiligen und dem Allerheiligsten, verbindet man in dieser Theologie mit dem Begriff *das Heilige* nur die erste Abteilung im Heiligtum. Es gibt mehrere Bibeltexte, aus denen offen hervorgeht, dass Jesus nach seiner Himmelfahrt in das Allerheiligste im Himmel gegangen ist. Aber manchmal steht, dass er in *ein Heiligtum* oder in *das Heilige* oder auch *in den Himmel selbst* gegangen ist. Da die erste Abteilung im Heiligtum (ursprünglich *das Heilige* genannt) mit dem Tod Jesu aufgehört hat zu bestehen, bezieht sich der Begriff *das Heilige* von nun an manchmal auf die vordere Hütte (die aufgehört hat zu bestehen), manchmal auf das Allerheiligste (die zweite Abteilung, die nun eins mit der ersten Abteilung geworden war) und manchmal auch auf das ganze Heiligtum. Mit anderen Worten werden die heiligen Räume manchmal *das Heilige,* manchmal *das Allerheiligste* und manchmal *das Heiligtum* genannt. Es mag dem Leser vielleicht unwichtig erscheinen mit all diesen Begriffen. Aber im Zusammenhang mit der neuen, adventistischen Lehre von dem *Untersuchungsgericht,* das am 22. Oktober 1844 angefangen haben soll und welches voraussetzt, dass es im himmlischen Heiligtum zwei Abteilungen gibt, ist es wichtig, diese Begriffe zu beleuchten und sie im Licht der Bibel zu sehen.

In diesem Zusammenhang soll auch erwähnt werden, dass die Nichtbeachtung der verschiedenen Bedeutungen des Begriffes *das Heilige* zu ernsten Fehlauslegungen geführt hat und führt. Betrachten wir zum Beispiel den Text in Hebräer 9,8:

> „Damit deutete der heilige Geist, dass noch nicht offenbart wäre der Weg *zum Heiligen*, solange die vordere Hütte stünde …" (Kursivdruck d. Verf.)

Der Weg zum Heiligen (wenn man damit die erste Abteilung meint) war schon offenbart. Er brauchte also nicht mehr offenbart zu werden. Die Priester verrichteten allezeit in der ersten Abteilung ihren Gottesdienst. Was aber nicht offenbart war, war der Weg in *das Allerheiligste. Das Heilige* in dem oben genannten Text in Hebräer 9,8 deutet deshalb auf das Allerheiligste hin, denn es war der Weg *zum Allerheiligsten*, der offenbart wurde, als die vordere Hütte aufhörte zu bestehen (als der Vorhang bei dem Tod Jesu zerriss, der die beiden Abteilungen voneinander trennte).

Der griechische Ausdruck für *zum Heiligen* in dem oben genannten Text in Hebräer 9,8 ist *„Hagion".* *(https://biblehub.com/text/hebrews/9-8.htm)* (Text Analysis). *Hagion* ist ein Ausdruck für das Allerheiligste. Die *Orthodox Jewish Bible* nennt in Hebräer 9 und dort in den Versen 3,8 und 12 den Ausdruck *Kodesh HaKodashim*, welches das Allerheiligste bedeutet. Es besteht daher kein Zweifel, dass Jesus nach seiner Himmelfahrt in das Allerheiligste im himmlischen Heiligtum gegangen ist.

(e) Die vordere Hütte

„Die vordere Hütte " ist ein anderer Ausdruck für die erste Abteilung. In Hebräer 9,2-7 lesen wir:

> „Denn es war da aufgerichtet das Vorderteil der Hütte, darin der Leuchter war und der Tisch und die Schaubrote; und dies heißt das Heilige. Hinter dem andern Vorhang

aber war die Hütte, die da heißt das Allerheiligste. ... Da nun solches alles zugerichtet war, gingen die Priester allezeit in die vordere Hütte und richteten aus den Gottesdienst. In die andere aber ging nur **einmal** im Jahr allein der Hohepriester ..." (Fettdruck: die Bibel).

Aus diesen Worten können wir verstehen, dass sich der Begriff *die vordere Hütte* auf die erste Abteilung bezieht, denn dort hinein gingen die Priester allezeit (alle Tage im Jahr) und richteten aus den Gottesdienst. Die andere Hütte (die zweite Abteilung) war das Allerheiligste, dort hinein ging nur der Hohepriester, und zwar nur einmal im Jahr.

Auch diese Erklärung von Begriffen kann unwichtig erscheinen in dem großen Zusammenhang. Im Hinblick auf die Tatsache jedoch, dass der Ausdruck *die vordere Hütte* in adventistischer Theologie eine andere Bedeutung bekommen hat, wodurch der Text von dem biblischen Inhalt abweicht, ist es von Bedeutung, den Begriff *die vordere Hütte* klarzulegen. Als Beweis für das eben gesagte möge hier ein Zitat von Uriah Smith (1832-1903) folgen. Uriah Smith war adventistischer Prediger. Er schreibt:

„Außerdem redet er (Paulus, Anm. d. Verf.) in Hebräer 9,8 von einem irdischen Heiligtum und nennt es *das erste Zelt*. Falls jenes das erste war, muss ein zweites bestehen; und da die erste Hütte so lange bestand, wie der erste Bund gültig war, muss, als jener Bund zu Ende ging, die zweite Hütte den Platz der ersten eingenommen haben; sie muss daher das Heiligtum des neuen Bundes sein. (Kursivdruck d. Verf.)." **(2)**

Diese Worte von Uriah Smith sind eine Verdrehung des Textes in Hebräer 9,8, der dadurch einen falschen Inhalt bekommen hat. Im Gegensatz zu diesem Zitat von Uriah Smith steht in dem Text in Hebräer 9,8 weder etwas von einem *irdischen Heiligtum*, welches von Uriah Smith *das erste Zelt* genannt wird, noch steht in diesem Text etwas von einem *ersten Bund*, noch dass die zweite Hütte (nach Uriah Smith: das Heiligtum des neuen Bundes) den Platz der ersten eingenommen haben soll. Die Bibel sagt etwas ganz anderes in Hebräer 9,8:

> „Damit deutete der heilige Geist, dass noch nicht offenbart wäre der Weg zum Heiligen, solange **die vordere Hütte** stünde. (Fettdruck d. Verf.)"

Der Schreiber des Briefes an die Hebräer spricht hier **nicht** von einem *ersten Zelt*, sondern von der *vorderen Hütte*, ein Ausdruck, der sich auf die erste Abteilung im Heiligtum bezieht. Aus Hebräer 9,6 geht deutlich hervor, dass mit dem Ausdruck *die vordere Hütte* die erste Abteilung im Heiligtum gemeint ist, denn da hinein gingen die Priester allezeit, jeden Tag, und richteten aus den Gottesdienst. Uriah Smiths Behauptung, dass die *vordere Hütte* das irdische Heiligtum sei und die *andere* (Hütte) das himmlische Heiligtum, ist daher gemäß der Bibel ein Irrtum.

Nach der Bibel sollte die vordere Hütte solange stehen, bis offenbart wäre der Weg zum Heiligen (gemeint ist das Allerheiligste, denn es war dieses, welches offenbart wurde, als Jesus starb). Der Vorhang zwischen der vorderen Hütte (dem Heiligen) und der anderen (der zweiten) Hütte (dem Allerheiligsten) zerriss, als Jesus starb, und nun war der Weg zum Allerheiligsten offenbart. Jetzt gab es nicht mehr zwei Abteilungen im Heiligtum. Das Heilige und das Allerheiligste waren nun zusammen eine heilige Stätte geworden. Der Weg zu dem Gnadenstuhl im Allerheiligsten im irdischen Heiligtum war offenbart. Keine zeremoniellen Opfer waren jetzt mehr nötig, denn das große Opfer, auf welches die irdischen Opfer hingewiesen hatten, war nun gebracht. Das Lamm Gottes war gestorben und hatte die Sünden der Welt auf sich genommen.

(f) Hinter dem Vorhang, das Inwendige des Vorhangs, innen hinter dem Vorhang und vor dem Vorhang

Wenn die Bibel von dem *Vorhang* im Heiligtum spricht, ist im allgemeinen der Vorhang gemeint, der das Allerheiligste (die zweite Abteilung im Heiligtum) von dem Heiligen (der ersten Abteilung im Heiligtum) getrennt hat. Die adventistische Auffassung, dass sich der Ausdruck *das Inwendige des Vorhangs* auf das Heilige (die vordere Hütte) beziehe (und nicht auf das Allerheiligste), wird nicht von der Bibel bestätigt. Denn wenn das Alte Testament den Ausdruck *innen hinter dem Vorhang* anwendet im Zusammenhang mit dem Heiligtum, ist der Vorhang gemeint, der die erste Abteilung (das Heilige) von der zweiten Abteilung (dem Allerheiligsten) trennte.

„Du sollst den Vorhang hängen unter die Haken, und die Lade des Zeugnisses **innen hinter den Vorhang** setzen, dass er euch eine Scheidewand sei zwischen dem Heiligen und dem Allerheiligsten." (Fettdruck d. Verf.) 2. Mose 26,33.

„Sage deinem Bruder Aaron, dass er nicht zu aller Zeit in das **inwendige** Heiligtum gehe **hinter den Vorhang** vor dem Gnadenstuhl, der auf der Lade ist, dass er nicht sterbe; … und soll einen Napf voll Glut vom Altar nehmen, der vor dem Herrn steht, und die Hand voll zerstoßenen Räuchwerks, und es hinein **hinter den Vorhang** bringen." (Fettdruck d. Verf.) 3. Mose 16,2 und 12.

Jedes Mal, wenn das Alte Testament den Ausdruck *vor dem Vorhang* gebraucht, bezieht es sich auf den Vorhang, der das Heilige (die erste Abteilung im Heiligtum) von dem Allerheiligsten (der zweiten Abteilung) trennte.

„Den Tisch aber setze **außen vor den Vorhang**, …" (Fettdruck d. Verf.) 2. Mose 26,35.

„In der Hütte des Stifts, **außen vor dem Vorhang**, der vor dem Zeugnis hängt …" (Fettdruck d. Verf.) 2. Mose 27,21.

„Und setze den Tisch in die Hütte des Stifts, an die Seite der Wohnung gegen Mitternacht, **außen vor dem Vorhang**." (Fettdruck d. Verf.) 2. Mose 40,22.

„Und setze den goldenen Altar hinein **vor den Vorhang**." (Fettdruck d. Verf.) 2. Mose 40,26.

„Und der Priester, der gesalbt ist, soll ... siebenmal sprengen vor dem Herrn **vor dem Vorhang**." (Fettdruck d. Verf.) 3. Mose 4,16-17.

Außer dem Vorhang, der das Heilige (die erste Abteilung des Heiligtums) von dem Allerheiligsten (der zweiten Abteilung des Heiligtums) trennte, gab es ein *Tuch* am Eingang des Heiligtums.

„Und sollst ein Tuch machen an die Tür der Hütte, gewirkt von blauem und rotem Purpur, Scharlach und gezwirnter weißer Leinwand." 2. Mose 26,36.

Dieses Tuch wurde einfach nur *Tuch* genannt. Der hebräische Ausdruck für dieses Tuch ist „*Masach*". **(3)** Es hatte nicht die Herrlichkeit, die der Vorhang hatte, der das Heilige von dem Allerheiligsten trennte. Der Vorhang zwischen dem Heiligen und dem Allerheiligsten war kunstvoll gemacht. Der hebräische Ausdruck für diesen Vorhang ist „*Parokhet*". **(4)**

„Du sollst einen Vorhang machen von blauem und rotem Purpur, Scharlach und gezwirnter weißer Leinwand; und sollst Cherubim daran machen von kunstreicher Arbeit. ... Und sollst den Vorhang hängen unter die Haken, und die Lade des Zeugnisses **innen hinter den Vorhang** setzen, dass er euch eine Scheidewand sei zwischen dem Heiligen und dem Allerheiligsten." (Fettdruck d. Verf.) 2. Mose 26,31-33.

Das Tuch am Eingang zum Heiligtum war der *erste* Vorhang der Reihenfolge nach. Deshalb wurde auch manchmal der Vorhang zwischen dem Heiligen und dem Allerheiligsten der *andere* Vorhang genannt. In diesem Zusammenhang soll erwähnt werden, dass die *Orthodox Jewish Bible (www.biblehub.com)* immer (im Alten wie auch im Neuen Testament) den Ausdruck „Parokhet" anwendet, wenn von dem Vorhang die Rede ist, was ein Hinweis dafür ist, dass der Vorhang zwischen dem Heiligen und dem Allerheiligsten gemeint ist (und **nicht** das Tuch am Eingang zum Heiligtum).

Nach seiner Himmelfahrt ist Jesus in *das Inwendige des Vorhangs* gegangen (Hebräer 6,19-20). Dieses wird in adventistischer Theologie so gedeutet, als sei Jesus durch den *ersten* Vorhang, das Tuch am Eingang zum Heiligtum, gegangen und in das Heilige (die erste Abteilung im Heiligtum) eingetreten. Nach der Bibel ist Jesus jedoch *in das Inwendige des Vorhangs* gegangen (Hebräer 6,19-20). Auch in diesem Text gebraucht die *Orthodox Jewish Bible* den Ausdruck „Parokhet" **(5)**, welches ein Hinweis dafür ist, dass hier der *andere* Vorhang gemeint ist und dass Jesus in das Allerheiligste im himmlischen Heiligtum gegangen ist (und **nicht** in eine erste Abteilung). Die adventistische Prophetin E. G. White hat augenscheinlich weder die biblische Bedeutung des Begriffes *das Inwendige des Vorhangs* gekannt, noch hat sie gewusst, dass die *Orthodox Jewish Bible* in dem aktuellen Text (Hebräer 6,19-20) das hebräische Wort „Parokhet" gebraucht, welches sich auf den Vorhang zwischen dem Heiligen und dem Allerheiligsten bezieht **(5)**. Nach dem Text in Hebräer 6,19-20 ist Jesus (entgegen E. G. Whites Auffassung) daher nach seiner Himmelfahrt in das Allerheiligste im himmlischen Heiligtum gegangen (und **nicht** in eine erste Abteilung, falls es eine solche im himmlischen Heiligtum überhaupt gäbe). Im Hinblick auf die abweichende Auslegung in adventistischer Theologie durch E. G. White in Bezug auf Texte wie zum Beispiel Hebräer 6,19-20 ist es deshalb wichtig, die verschiedenen Begriffe und ihre biblische Bedeutung klarzulegen.

Nach dem Neuen Testament ist Jesus nach seiner Himmelfahrt *durch den Vorhang* gegangen (Hebräer 10,19-20). In diesem Text wird Jesu Fleisch als *der Vorhang* bezeichnet. **(6)** Nur durch Jesus können wir mit Zuversicht zum Gnadenthron kommen. Kein anderer „Vorhang" ist im himmlischen Heiligtum nötig. Jesus ist dieser „Vorhang".

> „So wir denn nun haben, liebe Brüder, die Freudigkeit zum Eingang in **das Heilige** *(New International Version, englisch: „the Most Holy Place",* welches „*das Allerheiligste*" bedeutet) durch das Blut Jesu, welchen er uns bereitet hat zum neuen und lebendigen Wege durch den Vorhang, das ist durch sein Fleisch." Hebräer 10,19-20. Die *Orthodox Jewish Bible* nennt hier für „das Heilige" das Wort „*Kodesh HaKodashim*" (das Allerheiligste), und für „den Vorhang" gebraucht sie das Wort „*Paokhet*", welches auf den Vorhang hinweist, der das Allerheiligste vom Heiligen getrennt hat. Die *Aramaic Bible in Plain English* gebraucht hier für „das Heilige" den Ausdruck „*the holy place*". Aber die Fortsetzung des Textes sagt uns, dass das Allerheiligste gemeint ist, nämlich die Worte „*within the veil*" (durch den Vorhang) which is his flesh (das ist durch sein Fleisch).

Der neue und lebendige Weg, den Jesus uns bereitet hat *durch den Vorhang*, das ist durch sich selbst, hat uns Menschen den Zugang zum Gnadenthron im himmlischen Allerheiligsten geöffnet. Durch Jesus kann jeder Mensch dort Zuflucht finden. Hebräer 8,1.

> „Das ist nun die Hauptsache, davon wir reden: Wir haben einen solchen Hohenpriester, der da sitzt zu der Rechten auf dem Stuhl der Majestät im Himmel und ist ein Pfleger des Heiligen und der wahrhaftigen Hütte, welche Gott aufgerichtet hat und kein Mensch." Hebräer 8,1-2.

Nach den verschiedenen Kommentaren bezüglich dieses Textes *(https://biblehub.com/commentaries/hebrews/8-2.htm)* ist Jesus ein Pfleger „*des Heiligtums*" im Himmel, ein Pfleger der allerheiligsten Stätte, des Allerheiligsten, denn er sitzt zur Rechten der Majestät in der Höhe. Der Versuch des Adventismus, diesen Text als Beweis zu sehen, dass Jesus ein Pfleger der ersten Abteilung sei, wohin er nach adventistischer Lehre nach seiner Himmelfahrt gegangen sei, muss scheitern. Der Ausdruck „ein Pfleger des Heiligen" in obigem Text muss im Licht von anderen biblischen Texten gesehen werden, um seine wahre Bedeutung zu verstehen.

(g) Die levitische Priesterordnung

Mose bekam nicht nur Anweisungen in Bezug auf den Bau eines Heiligtums (der Stiftshütte), sondern auch im Hinblick auf die Wahl der Priester und deren Ausbildung. Die levitische Priesterordnung begann mit Aaron, der von Gott als Priester ausersehen wurde. Aaron war vom Stamm Levi. Nur jemand von dem Stamm Levi konnte hernach Priester werden. Der Hohepriester hatte rangmäßig den höchsten Platz unter den Israeliten. Nur er durfte in das Allerheiligste gehen an dem großen Versöhnungstag. **(7)**

(h) Melchisedek

Melchisedek war eine geheimnisvolle Person. Er wird in der Bibel nur wenige Male erwähnt. Jesus wird ein „Hoherpriester nach der Weise Melchisedeks" genannt. **(8)** In Bezug auf Melchisedek gibt es viele Fragen. Nach der Bibel war Melchisedek „ein Priester Gottes, des Allerhöchsten" (Hebräer 7,1). Von Melchisedek steht geschrieben:

> „... ohne Vater, ohne Mutter, ohne Geschlecht und hat weder Anfang der Tage noch Ende des Lebens; - er ist aber verglichen dem Sohn Gottes und bleibt Priester in Ewigkeit." Hebräer 7,3.

Als Melchisedek lebte, gab es das jüdische Volk noch nicht. Melchisedek lebte zur Zeit Abrahams. Abraham war kein Jude.

Auch das levitische Priestersystem gab es noch nicht. Aber Melchisedek war ein Priester Gottes, des Allerhöchsten. Auch gab es kein Heiligtum mit zwei Abteilungen.

Melchisedek wird verglichen mit dem Sohn Gottes, welcher ein Hoherpriester in Ewigkeit ist und dessen Leben kein Ende hat. Melchisedek war ein „König der Gerechtigkeit" und „ein König des Friedens".

> „… Aufs erste wird er verdolmetscht: ein König der Gerechtigkeit; danach aber ist er auch ein König Salems, das ist: ein König des Friedens." Hebräer 7,2.

In der Bibel wird nichts erwähnt über Melchisedeks Herkunft. Er hat weder Anfang der Tage noch Ende des Lebens. So hat auch Jesus seinen Ursprung von Ewigkeit, und sein Leben hat kein Ende.

> „Jesus Christus gestern und heute und derselbe auch in Ewigkeit." Hebräer 13,8.

Jesus ist ein Hohepriester in Ewigkeit, nach der Weise Melchisedeks. Sein Priestertum hat kein Ende. Dadurch dass Jesus sein Leben für die Menschen dahingegeben hat, ist er dein und mein, ja aller Menschen Hohepriester geworden, und er lädt alle ein, mit Zuversicht und in seinem Namen im Glauben zum Thron der Gnade zu kommen im Allerheiligsten im himmlischen Heiligtum.

Referenzen

1. Andreasen, M. L. (1988), *Der Heiligtumsdienst*, S. 3, 17. Königsfeld: Edelsteinverlag.

2. Smith, Uriah, *Daniel und die Offenbarung*, S. 173.

3. https://biblehub.com/ojb/exodus/26.htm
    2. Mose 26,36.

4. https://biblehub.com/ojb/exodus/26.htm
    2. Mose 26,35.

5. https://biblehub.com/ojb/hebrews/6.htm
    Hebräer 6,19-20

6. https://biblehub.com/ojb/hebrews/10.htm
    Hebräer 10,19-20. Die *Orthodox Jewish Bible* gebraucht hier
    das Wort „*Kodesh HaKodashim*" für *das Heilige*, und „*Parokhet*"
    für *den Vorhang*.

7. Andreasen, M. L. (1988), *Der Heiligtumsdienst*, S. 30, 40.

8. Hebräer 5,10. „*... genannt von Gott ein Hoherpriester nach der
    Ordnung Melchisedeks.*"
    Hebräer 5,6. „*Du bist ein Priester in Ewigkeit nach der Ordnung
    Melchisedeks.*"
    Hebräer 7,1-3. „*Dieser Melchisedek aber war ein König von Salem,
    ein Priester Gottes, des Allerhöchsten, ... Aufs erste wird er
    verdolmetscht: ein König der Gerechtigkeit; darnach aber ist er auch ein
    König Salems, das ist: ein König des Friedens; ohne Vater, ohne
    Mutter, ohne Geschlecht und hat weder Anfang der Tage noch Ende
    des Lebens; - er ist aber verglichen dem Sohn Gottes und bleibt Priester
    in Ewigkeit.*"

Gleichwie mich mein Vater liebt,
also liebe ich euch auch.

Johannes 15,9

Kapitel 6

Das Heiligtum im Alten Testament in wenigen Worten

Im Auftrag Gottes sollte Mose ein Zelt bauen, ein Heiligtum, in dem Gottesdienst gehalten werden konnte. Dieses Zelt wurde später „die Hütte" genannt. Hier wollte Gott unter den Menschen wohnen, und hier wollte er ihnen begegnen. In 2. Mose 25,8 können wir lesen, was Gott zu Mose sagte:

> „Und sie sollen mir ein Heiligtum machen, dass ich unter ihnen wohne." 2. Mose 25,8.

Gott wollte seinem Volk, den Israeliten, sehr nahe sein. Auf ihrer Wanderung durch die Wüste zeigte er ihnen den Weg, des Tages durch eine Wolkensäule und des Nachts durch eine Feuersäule.

> „Und der Herr zog vor ihnen her, des Tages in einer Wolkensäule, dass er sie den rechten Weg führte, und des Nachts in einer Feuersäule, dass er ihnen leuchtete, zu reisen Tag und Nacht. Die Wolkensäule wich nimmer von dem Volk des Tages, noch die Feuersäule des Nachts." 2. Mose 13,21-22.

> „Und wenn Mose in die Hütte kam, so kam die Wolkensäule hernieder, und stand in der Hütte Tür, und redete mit Mose. ... Und der Herr redete mit Mose von Angesicht zu Angesicht, wie ein Mann mit seinem Freunde redet." 2. Mose 33,9-11.

> „Und wenn die Wolke sich aufhob von der Wohnung (von der Hütte, Anm. d. Verf.), so zogen die Kinder Israel, solange sie reisten. Wenn sich aber die Wolke nicht aufhob,

so zogen sie nicht bis an den Tag, da sie sich aufhob. Denn die Wolke des Herrn war des Tages auf der Wohnung, und des Nachts war sie feurig vor den Augen des ganzen Hauses Israel, solange sie reisten." 2. Mose 40,36-38.

Mose sollte das Heiligtum bauen nach den Bildern, die ihm gezeigt wurden. In dem irdischen Heiligtum (der Hütte) wurde ein vorderer Raum (die vordere Hütte oder die erste Abteilung) eingerichtet, die *„das Heilige"* genannt wurde. Dieser Raum war durch den Vorhang (hebräisch *„Parokhet")* von der zweiten Abteilung getrennt. Der Raum hinter dem Vorhang wurde *„das Allerheiligste"* genannt.

In dem Heiligen (der vorderen Hütte oder ersten Abteilung) nahe bei dem Vorhang stand nach 2. Mose 40,26 der goldene Räucheraltar. In der zweiten Abteilung, dem Allerheiligsten, befand sich die Bundeslade mit dem Gnadenstuhl. Manche Übersetzungen *(https://biblehub.com)* sagen, dass sich der Räucheraltar im Allerheiligsten befand (Hebräer 9,3-4). Gemäß der Übersetzung nach Luther war es das goldene Räuchfass (nicht der Altar), welches im Allerheiligsten war. Da die Priester täglich am goldenen Räucheraltar dienten, hat dieser Altar nach 2. Mose 40,26 in der ersten Abteilung (dem Heiligen) gestanden. Wenn er im Allerheiligsten gestanden hätte, hätten die Priester nicht an dem Altar dienen können, denn sie durften nicht das Allerheiligste betreten (nur der **Hohe**priester durfte dort hineingehen).

In dem Heiligen (der ersten Abteilung des Heiligtums) verrichteten die Priester jeden Tag im Jahr ihren symbolischen Gottesdienst. In das Allerheiligste (die zweite Abteilung im Heiligtum) ging der Hohepriester einmal im Jahr an dem großen Versöhnungstag. Nur der Hohepriester durfte in das Allerheiligste gehen. Der große Versöhnungstag bedeutete auch eine Reinigung des Heiligtums von den während des vergangenen Jahres bekannten Sünden der Gläubigen.

Die zwei Abteilungen (das Heilige und das Allerheiligste) waren getrennt durch einen prachtvollen Vorhang (hebräisch: *„Parokhet").* Niemand außer dem Hohenpriester durfte durch diesen Vorhang gehen. Der Hohepriester war Mittler zwischen Gott und Mensch.

Als Jesus starb, zerriss der Vorhang von oben an bis unten aus, und der Weg zum Allerheiligsten mit dem Gnadenstuhl war offenbar. Nun war der symbolische Dienst der Priester nicht mehr nötig. Das wahre Opfer war gebracht, für welches die zeremoniellen Opfer ein Symbol gewesen waren. Nach seiner Himmelfahrt hatte Jesus seinen Platz zur Rechten Gottes eingenommen und ist seitdem unser Mittler an dem Thron Gottes.

*Das ist nun die Hauptsache,
davon wir reden: Wir haben einen
solchen Hohenpriester, der da sitzt
zu der Rechten auf dem Stuhl
der Majestät im Himmel.*

Hebräer 8,1

Kapitel 7

Das himmlische Heiligtum

Wir Menschen sind so gewöhnt und gebunden an die irdischen Verhältnisse, dass der Gedanke, es könnte eine Dimension geben, zu der wir in unserem vergänglichen Zustand keinen Zutritt haben, uns nicht alltäglich ist. Nur wenigen Menschen (zum Beispiel den Propheten, auch dem Apostel Paulus, und Stefanus, als er gesteinigt wurde) war es vergönnt, in diese Sphären zu schauen. Dass es eine unsichtbare Welt gibt, können wir ahnen, seit wir Kenntnisse über die Kvanten- und Nanophysik bekommen haben, ein Gebiet, auf dem unsere gewöhnlichen physikalischen Gesetze nicht mehr gelten.

Nach der Bibel gibt es ein Heiligtum im Himmel, einen Ort, an dem sich der Thron Gottes befindet. Dorthin ging Jesus nach seiner Himmelfahrt. Das können wir Menschen uns nur schwer vorstellen. Die Jünger sahen, wie Jesus von einer Wolke vor ihren Augen aufgenommen wurde, bis er ihren Blicken entschwunden war. Apostelgeschichte 1,9. Und der Brief an die Hebräer berichtet, wohin Jesus nach seiner Himmelfahrt gegangen ist:

> „Denn Christus ist nicht eingegangen in das Heilige, so mit Händen gemacht ist (welches ist ein Gegenbild des wahrhaftigen), sondern in den Himmel selbst, nun zu erscheinen vor dem Angesicht Gottes für uns; …" Hebräer 9,24.

Die *Orthodox Jewish Bible* gebraucht an Stelle des Begriffes *das Heilige* den Ausdruck *„Kodesh HaKodashim"*, welches das Allerheiligste bedeutet. Wie schon früher in diesem Buch dargelegt, hat sich der Gnadenthron im irdischen Heiligtum niemals in der ersten Abteilung befunden. Deshalb ist es absurd, anzunehmen (wie in adventistischer Theologie), dass Jesus nach seiner Himmelfahrt in eine „erste" Abteilung gegangen sei. Wie früher schon dargelegt wurde, bezeugt der Zusammenhang in dem oben genannten Text (Hebräer 9,24) und in den folgenden Worten (Hebräer 9,11-12), dass sich der Ausdruck *das Heilige* auf das Heiligtum als ganzes bezieht (und **nicht** auf eine „erste" Abteilung).

> „Christus aber ist gekommen, dass er sei ein Hoherpriester der zukünftigen Güter, und ist durch eine größere und vollkommenere Hütte, die nicht mit der Hand gemacht, das ist, die nicht von dieser Schöpfung ist, ... durch sein eigen Blut **einmal** in das Heilige eingegangen und hat eine ewige Erlösung erfunden." (Fettdruck: die Bibel.) Hebräer 9,11-12.

Auch in diesem Text gebraucht die *Orthodox Jewish Bible* für das Wort *das Heilige* den Begriff *„Kodesh HaKodashim"*, welches das Allerheiligste bedeutet. Im Allerheiligsten befindet sich der Thron Gottes. Der griechische Ausdruck *„Hagia"* deutet an, dass es sich um „heilige Stätten" (Plural) handelt. Wir Menschen können uns kein rechtes Bild vom Himmel und den heiligen Stätten dort machen. Der Himmel besteht sicher nicht nur aus *einem* Raum. Doch in Bezug auf das Heiligtum im Himmel (die Wohnung Gottes, das Allerheiligste, Kodesh HaKodashim) können wir wissen: Dorthin ist Jesus nach seiner Himmelfahrt gegangen.

Es gibt demnach ein Heiligtum, das nicht von dieser Schöpfung ist, größer und vollkommener, als das irdische je gewesen ist. Das irdische Heiligtum mit zwei Abteilungen, dem Heiligen und dem Allerheiligsten, wurde erst zur Zeit Mose gebaut. Mose sollte es nach den Bildern bauen, die ihm gezeigt wurden. Durch das irdische Heiligtum mit seinem Gottesdienst und seinen zeremoniellen Opfern sollten die Israeliten den Weg der Erlösung lernen, wie sie Vergebung bekommen und mit Gott versöhnt werden konnten.

Wir wollen nun lesen, wie das himmlische Heiligtum, die Wohnung Gottes, in der Bibel beschrieben wird und ob das irdische Heiligtum wirklich das himmlische in Miniatur sein konnte:

„Und alsobald war ich im Geist. Und siehe, ein Stuhl war gesetzt im Himmel, und auf dem Stuhl saß einer; und der da saß, war gleich anzusehen wie der Stein Jaspis und Sarder; und ein Regenbogen war um den Stuhl, gleich anzusehen wie ein Smaragd. Und um den Stuhl waren vierundzwanzig Stühle, und auf den Stühlen saßen vierundzwanzig Älteste, mit weißen Kleidern angetan, und hatten auf ihren Häuptern goldene Kronen. Und von dem Stuhl gingen aus Blitze, Donner und Stimmen; und sieben Fackeln mit Feuer brannten vor dem Stuhl, welches sind die sieben Geister Gottes. Und vor dem Stuhl war ein gläsernes Meer gleich dem Kristall ...“ Offenbarung 4,2-6.

„Und ein anderer Engel kam und trat an den Altar und hatte ein goldenes Räuchfaß; und ihm ward viel Räuchwerk gegeben, dass er es gäbe zum Gebet aller Heiligen auf den goldenen Altar vor dem Stuhl.“ Offenbarung 8,3.

In diesen Texten findet sich kein Hinweis dafür, dass es im himmlischen Heiligtum, der Wohnung Gottes, zwei Abteilungen geben soll. In den heiligen Stätten des Himmels besteht kein Bedarf für symbolische Opfer (wie es im irdischen Heiligtum der Fall war), denn das große Opfer, auf das die symbolischen Opfer im irdischen Heiligtum hinwiesen, war gebracht. Jesus hatte sich selbst für die Menschen dahingegeben.

Der Tod Jesu bedeutete das Ende der levitischen Priesterordnung. Als sichtbares Zeichen hierfür zerriss der Vorhang, der das Heilige vom Allerheiligsten getrennt hatte. Nun waren diese zwei heiligen Stätten, das Heilige und das Allerheiligste, nicht mehr getrennt. Ab nun wurde die erste Abteilung nicht mehr gebraucht.

„Und siehe da, der Vorhang im Tempel zerriss in zwei Stücke von obenan bis unten aus.“ Matthäus 27,51.

„So wir denn nun haben, liebe Brüder, die Freudigkeit zum Eingang in das Heilige durch das Blut Jesu, welchen er uns bereitet hat zum neuen und lebendigen Wege durch den Vorhang, das ist durch sein Fleisch ..." Hebräer 10,19-20.

Der Ausdruck „das Heilige" in diesem Text bedeutet „das Allerheiligste, sowie sich der Ausdruck „durch den Vorhang" im Zusammenhang mit dem Heiligtum in der Bibel immer auf das Allerheiligste bezieht. Die *Orthodox Jewish Bible* gebraucht hier den Ausdruck *„Kodesh HaKodashim"*, welches auf das Allerheiligste hinweist.

Nach dem Text in Hebräer 9,24 ist das himmlische Heiligtum *„der Himmel selbst"*:

„Denn Christus ist nicht eingegangen in das Heilige, so mit Händen gemacht ist (welches ist ein Gegenbild des wahrhaftigen), sondern in den Himmel selbst, nun zu erscheinen vor dem Angesicht Gottes für uns." Hebräer 9,24.

Auch hier gebraucht die *Orthodox Jewish Bible* den Ausdruck *„Kodesh HaKodashim"* für *das Heilige*. Kodesh HaKodashim ist das Allerheiligste. Die griechische Übersetzung anwendet hier das Wort *„hagia"*, holy places, welches das ganze Heiligtum umfasst. Da man sich in adventistischer Theologie offenbar nicht bewusst ist, dass der Ausdruck *„das Heilige"* im Neuen Testament eine mehr umfassende Bedeutung hat als nur „die erste Abteilung", sieht man Texte wie die obigen als Hinweis dafür, dass Jesus nach seiner Himmelfahrt in eine „erste" Abteilung gegangen und erst am 22. Oktober 1844 in das Allerheiligste eingetreten sei. Dass diese Auffassung nicht haltbar ist, wurde schon früher in diesem Buch durch das Zeugnis der Bibel selbst dargelegt. Es ist daher von entscheidender Bedeutung, dieses in seinem wahren Licht zu sehen, denn die falsche Lehre von dem Untersuchungsgericht hängt eng zusammen mit der adventistischen Auffassung, dass

Jesus nach seiner Himmelfahrt in eine „erste" Abteilung (das so genannte „Heilige") gegangen sei.

Nach dem Brief an die Hebräer ist Jesus ein Hoherpriester nach der Ordnung Melchisedeks. Hebräer 7,17; Psalm 110,4. Zu der Zeit Melchisedeks gab es auf der Erde kein Heiligtum mit zwei Abteilungen, dem Heiligen und dem Allerheiligsten. Melchisedek lebte zu der Zeit Abrahams. Die levitische Priester- und Gottesdienstordnung wurde nicht vor der Zeit Moses eingesetzt. Diese Ordnung galt bis zu dem Tod Jesu. Er war das große Opfer, für welches die symbolischen Opfer während der levitischen Ordnung ein Sinnbild waren. Jesus war nicht vom Stamm Levi, dem Stamm, von dem unter der levitischen Ordnung die Priester kamen. Jesus war von dem Stamm Juda, einem Stamm, von dem unter der levitischen Ordnung niemals jemand Priester werden konnte. Jesus wurde von Gott „Hohepriester" nach der Ordnung Melchisedeks genannt.

Ein anderer Blickwinkel: Wenn es kein Heiligtum mit zwei Abteilungen zu der Zeit Melchisedeks gab, weshalb bestehen dann Menschen darauf, dass es zwei Abteilungen im himmlischen Heiligtum geben soll, in welchem sich Jesus nun als unser Hoherpriester befindet, ein Hoherpriester nach der Weise Melchisedeks? Die zwei Abteilungen in dem irdischen Heiligtum bestanden nur unter der levitischen Priesterordnung. Als Jesus starb, hörte die erste Abteilung (die vordere Hütte, das „Heilige") auf zu bestehen, der Vorhang zerriss von obenan bis unten aus. Nun waren die zwei Abteilungen eins geworden. Kein Vorhang trennte sie mehr voneinander. Der Weg in das Allerheiligste zu dem Gnadenthron war nun frei und offen.

Dass der Vorhang im Tempel bei dem Tod Jesu zerriss, war ein Zeichen dafür, dass die symbolischen Opferzeremonien in dem irdischen Heiligtum fortan keine Bedeutung mehr hatten. Auch wenn die Israeliten vielleicht weiter an ihren Gottesdienst-Ritualen festhielten, so waren die Opfer wirkungslos, denn sie waren nur ein Symbol gewesen für das wirkliche Opfer, welches nun gebracht war: Der Messias, das Lamm Gottes, war gestorben.

So mancher Leser mag sich vielleicht fragen, weshalb es so genau sein muss mit den beiden Begriffen „das Heilige" und „das Allerheiligste". Zu dieser Frage kommen wir nun. Die neue, adventistische Lehre von dem *„Untersuchungsgericht"* setzt voraus, dass das himmlische Heiligtum aus zwei Abteilungen besteht, so wie es in dem irdischen Heiligtum der Israeliten zwei Abteilungen gegeben hat. Und nach adventistischer Theologie sei Jesus nach seiner Himmelfahrt in „das Heilige" (die erste Abteilung) im himmlischen Heiligtum gegangen und habe dort gedient bis zum Jahr 1844. Am 22. Oktober 1844 habe Jesus dann die Tür zum Allerheiligsten geöffnet, sei dort eingetreten und habe mit der „Reinigung des Heiligtums" begonnen, welches nach dieser Lehre als gleichbedeutend gesehen wird wie das Untersuchungsgericht, das am Ende der 2300 Abende und Morgen (nach adventistischer Lehre am Ende der 2300 wirklichen Jahre) begonnen haben soll. Wir haben hierüber schon im Kapitel vier in diesem Buch gelesen. Da die Lehre von dem Untersuchungsgericht teils im Widerspruch ist zu dem, was die Apostel uns mitgeteilt haben (mehr darüber weiter vorn in diesem Buch), und teils ihren Ursprung in einem Menschen hat (und **nicht** in der Bibel), ist es von Bedeutung, den Sachverhalt darzulegen, damit Menschen die Möglichkeit haben, diese Lehre in ihrem wahren Licht zu sehen. E. G. White hat später diese Lehre bestätigt, und daher ist es oft sie, die in der Literatur als der Urheber dieser Lehre genannt wird (obwohl es Hiram Edson war, auf den diese Lehre zurückgeht).

Wir wollen uns nun noch einmal daran erinnern, dass es ein Heiligtum mit dem Heiligen und dem Allerheiligsten (den zwei Abteilungen im Heiligtum) nur seit Mose und unter der levitischen Ordnung gab. Als die levitische Ordnung zu ihrem Ende gekommen war mit dem Tod Jesu und die erste Abteilung (die vordere Hütte) aufgehört hatte zu bestehen (der Vorhang war zerrissen), bestanden die heiligen Stätten nunmehr nur aus dem Allerheiligsten. Der Weg zu dem Gnadenstuhl war offen. In adventistischer Theologie sagt man, dass das himmlische Heiligtum zwei Abteilungen habe und dass Jesus nach seiner

Himmelfahrt in eine „erste" Abteilung, das Heilige, gegangen sei. Am 22. Oktober 1844 habe Jesus dann die Tür zu der „zweiten" Abteilung, dem Allerheiligsten, geöffnet und sei dort eingetreten. Er habe dann mit der Reinigung des Heiligtums und mit dem Untersuchungsgericht begonnen. Nach dieser Theologie hätte Jesus ungefähr 1800 Jahre in einer „ersten" Abteilung im himmlischen Heiligtum Dienst getan. Es gibt da jedoch Sachverhalte, die nicht mit dieser Lehre übereinstimmen:

1. Jesus ist ein Hoherpriester nach der Ordnung Melchsedeks.

2. Zu der Zeit Melchisedeks gab es weder ein Heiligtum mit zwei Abteilungen noch eine levitische Priesterordnung.

3. Die Bibel bezeugt, dass sich Jesus nach seiner Himmelfahrt zur Rechten Gottes auf Gottes Thron gesetzt hat. Wenn nun Jesus nach adventistischer Theologie in eine „erste" Abteilung im himmlischen Heiligtum gegangen wäre, hätte sich Gott mit seinem Thron dort befunden haben müssen. Mit anderen Worten: Gott hätte irgendwann in dunkler Vergangenheit mit seinem Thron umziehen müssen von der allerheiligsten Stätte im Himmel (wo er von Ewigkeit her war) in eine „erste" Abteilung (falls es eine solche im Himmel gab). Die Bibel berichtet nichts von einem solchen Umzug.

4. Gottes Thron befindet sich in dem Allerheiligsten und ist immer dort gewesen, wie auch die Bundeslade mit dem Gnadenthron im irdischen Heiligtum immer in der zweiten Abteilung, dem Allerheiligsten, gewesen ist.

5. Gemäß der Übersetzung nach Luther ist Jesus nach seiner Himmelfahrt „nicht eingegangen in das Heilige, so mit Händen gemacht ist (welches ist ein Gegenbild des wahrhaftigen), sondern in den Himmel selbst, nun zu

erscheinen vor dem Angesicht Gottes für uns". Hebräer 9,24. Die *Orthodox Jewish Bible* gebraucht hier den Ausdruck *„Kodesh HaKodashim"* **(1)**, welches das Allerheiligste bedeutet. Der Brief an die Hebräer bezeugt auch, dass Jesus *„in den Himmel selbst"* eingegangen ist. Wenn wir diese Begriffe zusammen betrachten, ist es offenbar, dass mit dem Ausdruck „das Heilige" in Hebräer 9,24 die allerheiligste Stätte gemeint ist, nämlich das Allerheiligste.

Die Bibel erwähnt nichts von einer Lehre, nach der Jesus nach seiner Himmelfahrt erst in eine erste Abteilung im himmlischen Heiligtum gegangen sei, um dort bis zum 22. Oktober 1844 seinen Dienst zu verrichten, und dass er danach in die zweite Abteilung eingetreten sei und nach adventistischer Auffassung *„einen neuen Dienst"* angetreten habe, nämlich die Reinigung des Heiligtums und das Untersuchungsgericht. Als Hoherpriester ist Jesus nach seiner Himmelfahrt sofort in das Allerheiligste gegangen und hat sich zur Rechten seines Vaters auf seinen Thron gesetzt. Der Dienst, den Jesus im himmlischen Heiligtum verrichtet, ist sein Amt als unser Hoherpriester, Mittler und Fürsprecher. Dieses ist nach der Bibel der einzige Dienst, den Jesus nach seiner Himmelfahrt ausführen sollte. Eine erste Abteilung wäre völlig überflüssig im himmlischen Heiligtum, da der Dienst eines gewöhnlichen Priesters sinnlos wäre, denn der **Hohepriester** Jesus hatte nach seiner Himmelfahrt bereits *„gemacht die Reinigung unsrer Sünden durch sich selbst"* und *„hat sich gesetzt zu der Rechten der Majestät in der Höhe"*. Hebräer 1,3. Ein Dienst in einer ersten Abteilung ist daher nicht mehr nötig.

Das himmlische Heiligtum ist nach Hebräer 9,11 *„größer und vollkommener"* als das irdische. Menschliche Worte reichen nicht aus, um das himmlische Heiligtum zu beschreiben, das größer und vollkommener ist als das irdische. Das irdische Heiligtum bestand seit dem Tod Jesu aus einer einzigen Abteilung, die das Allerheiligste mit dem Gnadenstuhl und auch den goldenen Räucheraltar und den siebenarmigen Leuchter enthielt. Vielleicht wurde der Vorhang von den Israeliten repariert, oder ein neuer wurde gemacht. Dass der Vorhang zerriss, war jedoch das Zeichen vom Himmel, dass die erste Abteilung (die vordere Hütte) von nun an überflüssig war. Der symbolische Dienst in der ersten Abteilung war nicht mehr aktuell. Die Vorstellung, dass Jesus als Hoherpriester nach der Ordnung Melchisedeks im Himmel einen Dienst ausführen sollte, der unter der levitischen Ordnung nur in der ersten Abteilung verrichtet wurde, wirkt absurd. Aber es ist gerade diese Auffassung, die den Adventismus prägt und von E. G. White bestätigt wird und die als biblische Wahrheit vertreten wird.

Als der Apostel Johannes (der Jünger, den Jesus lieb hatte) in Offenbarung 4,1-6 sein Gesicht berichtet, erwähnt er weder eine erste noch eine zweite Abteilung. Er schaute in den Himmel, in das Allerheiligste, und sah Gottes Thronsaal. In Hebräer 9,24 lasen wir, dass Jesus *„in den Himmel selbst"* einging, um *„zu erscheinen vor dem Angesicht Gottes für uns"*. Wir wollen lesen, was Johannes berichtet:

> „Danach sah ich, und siehe, eine Tür war aufgetan im Himmel; und die erste Stimme, die ich gehört hatte mit mir reden wie eine Posaune, die sprach: Steig her, ich will dir zeigen, was nach diesem geschehen soll. Und alsobald war ich im Geist. Und siehe, **ein Stuhl war gesetzt im Himmel,** und auf dem Stuhl saß einer; und der da saß, war gleich anzusehen wie der Stein Jaspis und Sarder; und ein Regenbogen war um den Stuhl, gleich anzusehen wie ein Smaragd. ... Und **sieben Fackeln mit Feuer brannten vor dem Stuhl** ... Und vor dem Stuhl war ein gläsernes Meer gleich dem Kristall ..." (Fettdruck d. Verf.) Offenbarung 4,1-6.

An einer anderen Stelle berichtet Johannes:

> „Und ein anderer Engel kam und trat an den Altar und hatte ein goldenes Räuchfaß; und ihm ward viel Räuchwerk gegeben, dass er es gäbe zum Gebet aller Heiligen auf den

goldenen Altar vor dem Stuhl." (Fettdruck d. Verf.) Offenbarung 8,3.

Nach den Worten des Johannes befindet sich ein Thron im Himmel; vor dem Thron brannten sieben Fackeln, und ein goldener Altar stand vor dem Thron. An dem Altar diente ein Engel. Wir wollen dieses näher betrachten. Johannes sah Gegenstände, die sich in dem irdischen Heiligtum unter der levitischen Ordnung in der ersten Abteilung des Heiligtums befanden. Aus diesem Grund macht E. G. White (und mit ihr der Adventismus) geltend, dass Johannes in die „erste" Abteilung im himmlischen Heiligtum geschaut habe. Diese Auffassung berücksichtigt nicht,

- dass die levitische Ordnung mit dem Tod Jesu für alle Zeit aufgehört hat zu bestehen;

- dass Jesus ein Hoherpriester nach der Ordnung Melchisedeks ist; zu der Zeit Melchisedeks gab es kein Heiligtum mit einer *ersten* und einer *zweiten* Abteilung;

- dass Jesus den Dienst eines Hohenpriesters im Allerheiligsten zur Rechten Gottes verrichtet;

- dass es im himmlischen Heiligtum keinen physischen Vorhang gibt; nach Hebräer 10,20 ist Jesus selbst mit seinem Fleisch dieser Vorhang; in dem größeren und vollkommeneren Heiligtum im Himmel sind die heiligen Gegenstände (der goldene Räucheraltar und die sieben Fackeln, für die der siebenarmige Leuchter ein Symbol war) nicht mehr durch einen Vorhang von dem Thron Gottes getrennt. Durch Jesus, den neuen und lebendigen Weg, können nun alle Menschen direkt zu Gott kommen;

- dass es in dem irdischen Heiligtum ein Priester war, der an dem Räucheraltar seinen Dienst tat; in seinem Gesicht sah

Johannes jedoch einen Engel, der an dem Altar diente (nicht Jesus);

- dass die Bibel weder erwähnt, dass Gott mit seinem Thron von dem allerheiligsten Platz in eine „erste" Abteilung umziehen sollte (eine Abteilung, in der Jesus nach der adventistischen Lehre ab seiner Himmelfahrt bis zum 22. Oktober 1844 gedient haben soll) noch dass Gott mit seinem Thron am 22. Oktober 1844 zurückziehen sollte in das Allerheiligste (denn an diesem Tage sollte nach adventistischer Theologie die Reinigung des Heiligtums mit dem Untersuchungsgericht beginnen).

Auch der Prophet Hesekiel (im Alten Testament) hatte eine Vision (ein Gesicht), in welchem er in den Himmel schauen durfte. Er sah den Thron Gottes und vier Wesen, aber er sah keine „zwei Abteilungen". Hesekiels begeisternde Beschreibung des Thronsaals Gottes findet der Leser in Hesekiel Kapitel eins. In Vers 26 in Kapitel 1 lesen wir:

„Und über dem Himmel, so oben über ihnen war, war es gestaltet wie ein Saphir, gleichwie ein Stuhl; und auf dem Stuhl saß einer, gleichwie ein Mensch gestaltet."

Als Stephanus gesteinigt wurde, sah er den Himmel offen. Auch er sah nicht zwei Abteilungen:

„Sa sie solches hörten, ging's ihnen durch's Herz, und bissen die Zähne zusammen über ihn. Wie er aber voll heiligen Geistes war, sah er auf gen Himmel und sah die Herrlichkeit Gottes und Jesum stehen zur Rechten Gottes und sprach: Siehe, ich sehe den Himmel offen und des Menschen Sohn zur Rechten Gottes stehen." Apostelgeschichte 7,54-55.

Stephanus sah Jesus zur Rechten Gottes und bestätigt auf diese Weise, was die Apostel berichtet haben. Der eben zitierte

Text beweist außerdem, dass sich Jesus gar nicht in einer „ersten" Abteilung befunden hatte und dass er schon zur Zeit der Apostel zur Rechten Gottes im Himmel war.

Auch Paulus sah nicht zwei Abteilungen, als er in einer Vision war. Er schreibt in 2. Korinther 12,2-4:

> „Ich kenne einen Menschen in Christo; vor vierzehn Jahren (ist er in dem Leibe gewesen, so weiß ich's nicht; oder ist er außer dem Leibe gewesen, so weiß ich's auch nicht; Gott weiß es) ward derselbe entzückt bis in den dritten Himmel. Und ich kenne denselben Menschen (ob er in dem Leibe oder außer dem Leibe gewesen ist, weiß ich nicht; Gott weiß es); er ward entzückt in das Paradies und hörte unaussprechliche Worte, welche kein Mensch sagen kann."

Für die Lehre, dass es im himmlischen Heiligtum zwei Abteilungen geben soll und dass Jesus von seiner Himmelfahrt bis zum 22. Oktober 1844 in einer „ersten" Abteilung gedient haben soll, gibt es keinen Beweis in den Schriften der Apostel. Die adventistische Theorie, dass Jesus nach seiner Himmelfahrt einen Dienst angetreten haben soll, der dem Dienst ähnlich war, den die Priester in der ersten Abteilung im irdischen Heiligtum verrichteten, hat sich als Irrlehre herausgestellt. Wir wollen einmal lesen, was Uriah Smith hierüber schreibt (als er noch ein Vetreter dieser Lehre war). Er schreibt **(2)**:

> „Nachdem er (der Schreiber des Briefes an die Hebräer, Anm. d. Verf.) in Hebräer Kapitel 8 von Christus als dem Pfleger der wahrhaftigen Hütte, das ist dem Tempel Gottes im Himmel redet, sagt er unter anderem, dass die Priester auf Erden ‚dienen dem Vorbilde und dem Schatten des Himmlischen'. In anderen Worten, **das Werk der irdischen Priester war ein Schatten, ein Beispiel, eine richtige Darstellung** (soweit sie von Sterblichen ausgeführt werden konnte) **von dem Priesterdienst Christi im Himmel.** Diese Priester dienten in beiden Teilen der irdischen Hütte; Christus pflegt daher auch

gleichfalls seinem Amt in beiden Abteilungen des himmlischen Tempels; denn jener Tempel hat zwei Abteilungen, oder er kann nicht richtig durch den irdischen dargestellt worden sein; und unser Herr vollzieht sein Amt in beiden, oder der Dienst **des Priesters** auf Erden war kein richtiger Schatten seines Werkes. Aber Paulus sagt ohne Umschweife, dass er in beiden Teilen pflegt; denn er sagt, dass er eingegangen ist in das Heilige ... durch sein eigen Blut. Hebräer 9,12. Christus vollzieht daher ein Werk in seinem Dienst im himmlischen Tempel, welches demjenigen der Priester in beiden Abteilungen des irdischen Baues ähnlich ist." (Fettdruck d. Verf.)

Zu dieser Aussage muss gesagt werden:

1.   Uriah Smiths Worte *"Aber Paulus sagt ohne Umschweife, dass er* (Jesus, Anm. d. Verf.) *in beiden Teilen pflegt; denn er sagt, dass er eingegangen ist in das Heilige ... Hebräer 9,12"* haben sich im Lichte des bereits Dargelegten als Irrlehre erwiesen. Der Ausdruck „das Heilige" hat im Neuen Testament eine umfassendere Bedeutung. Je nach dem Zusammenhang kann es die *erste Abteilung* bedeuten, aber auch das *Allerheiligste* oder auch das *ganze Heiligtum*. An diese Besonderheit des Begriffes „das Heilige" hatte Uriah Smith offensichtlich nicht gedacht. Aber der Zusammenhang zeugt davon, dass es sich hier um das Allerheiligste handelt, in das Jesus nach seiner Himmelfahrt eingegangen ist. Siehe auch *https://biblehub.com/ojb/hebrews/9.htm* Die *Orthpodox Jewish Bible* gebraucht hier den Ausdruck „*Kodesh HaKodashim*", welches das Allerheiligste bedeutet. (3) Nach Hebräer 1,3 hat sich Jesus „*gesetzt zur Rechten der Majestät in der Höhe"*. Dieses war bereits eine Tatsache, als der Brief an die Hebräer geschrieben wurde. Der Thron Gottes war und ist im Allerheiligsten.

2.   Weiter zu dem obigen Zitat von Uriah Smith: Dass das Werk der irdischen Priester „*ein Schatten, ein Beispiel, eine richtige*

Darstellung von dem Priesterdienst Christi im Himmel" sein sollte, ist nur eine **Annahme**. Der einzige Dienst, der als ein Schatten von Christi Werk in dem himmlischen Heiligtum betrachtet werden kann, ist der Dienst des Hohenpriesters, wenn er einmal im Jahr an dem großen Versöhnungstag in das Allerheiligste ging.

3. Zu Uriah Smiths Worten: *„Aber Paulus sagt ohne Umschweife, dass er* (Christus, Anm. d. Verf.) *in beiden Teilen pflegt; denn er sagt, dass er eingegangen ist in das Heilige ..."* Dass unser Herr in beiden Abteilungen dienen soll, ist auch nur eine **Annahme**, die eine Folge von Uriah Smiths entstellter Auslegung von Hebräer 8,1-6 ist. In diesem Buch ist wiederholt dargelegt worden, dass Jesus gemäß der Bibel direkt nach seiner Himmelfahrt in das Allerheiligste zu dem Thron Gottes gegangen ist und seitdem seinen Platz zur Rechten Gottes hat.

4. Die Worte in Hebräer 8,1-6 sind deutlich:
„Das ist nun die Hauptsache, davon wir reden: Wir haben einen solchen Hohenpriester, der da sitzt zu der Rechten auf dem Stuhl der Majestät im Himmel und ist ein Pfleger des Heiligen und der wahrhaftigen Hütte, welche Gott aufgerichtet hat und kein Mensch. Denn ein jeglicher Hoherpriester wird eingesetzt, zu opfern Gaben und Opfer. Darum muss auch dieser etwas haben, das er opfere. Wenn er nun auf Erden wäre, so wäre er nicht Priester, dieweil da Priester sind, die nach dem Gesetz die Gaben opfern, **welche dienen dem Vorbilde und dem Schatten des Himmlischen;** wie die göttliche Antwort zu Mose sprach, da er sollte die Hütte vollenden: ,Schaue zu,' sprach er, ,dass du machest alles nach dem Bilde, das die auf dem Berge gezeigt ist.' Nun aber hat er (Christus, Anm. d. Verf.) ein besseres Amt erlangt, als der eines besseren Testaments Mittler ist, welches auch auf besseren Verheißungen steht." (Fettdruck d. Verf.)
Nach diesen Worten (Hebräer 8,5) war es das irdische Heiligtum, welches ein Schatten des Himmlischen war (und nicht wie Uriah Smith und der Adventismus meinen, dass es der Dienst

der Priester war, welcher ein Schatten, ein Beispiel, eine richtige Darstellung von Christi Dienst im Himmel war).

5. Der Text in Hebräer 8,1 sagt, dass Jesus als Hoherpriester zu der Rechten auf dem Stuhl der Majestät im Himmel sitzt. Jesus hat niemals ein ähnliches Amt gehabt, wie es die Priester in der ersten Abteilung in der irdischen Hütte ausgerichtet hatten. In Hebräer 8,1-6 ist gesagt, dass Jesus *„ein besseres Amt"* erlangt hat.

Wir wollen nun etwas weiter über die adventistische Ansicht nachdenken, nach der Jesus sein Amt in beiden Abteilungen des himmlischen Heiligtums ausübt. Jesus war niemals ein gewöhnlicher Priester, sondern er wurde von Gott selbst **Hoherpriester** genannt.

Wenn das Werk der irdischen Priester gemäß der adventistischen Theologie ein Schatten und ein Beispiel von dem Priesterdienst Christi im himmlischen Heiligtum gewesen sein soll und **wenn** Christus nach dieser Lehre von seiner Himmelfahrt bis zum 22. Oktober 1844 sein Amt in einer ersten Abteilung in dem himmlischen Heiligtum verrichtet haben soll – war in diesem Fall das Werk Christi ähnlich dem Dienst der irdischen Priester in dem irdischen Heiligtum? Das Amt der Priester in der ersten Abteilung bestand unter anderem darin, jeden Tag am Räucheraltar zu dienen. In diesem täglichen Dienst legte der Priester glühende Kohlen vom Brandopferaltar zusammen mit Räuchwerk auf den Räucheraltar. Wenn der Priester das Räuchwerk auf die Kohlen legte, stieg Rauch auf. Da der Vorhang zwischen der ersten Abteilung und der zweiten (dem Allerheiligsten) nicht ganz bis oben an die Decke reichte, wurden beide Abteilungen mit Rauch erfüllt. (4) Es kommt die Frage auf: Hat Jesus jeden Tag ab seiner Himmelfahrt bis zum Jahr 1844 am goldenen Altar im himmlischen Heiligtum gedient? Die Bibel berichtet nichts davon. Als Johannes in seinem Gesicht den goldenen Altar vor dem Thron Gottes sah, war es **nicht** Jesus, der an dem Altar stand.

Wenn Uriah Smiths Worte wahr wären, nach welchen das Werk der irdischen Priester *„ein Schatten, ein Beispiel und eine richtige Darstellung von dem Priesteramt Christi im himmlischen Heiligtum"* sein sollte, hätte Johannes Jesus an dem goldenen Altar im Himmel stehen sehen müssen. Doch Johannes sah einen Engel am Altar. Offenbarung 8,3-4.

Wir wollen noch weiter nachdenken über die adventistische Auffassung, dass das Werk der irdischen Priester ein Schatten, ein Beispiel, eine richtige Darstellung von Jesu priesterlichem Dienst im Himmel sei. Die zeremoniellen Opfer, die durch den Dienst der Priester dargebracht wurden, wiesen auf das große Opfer hin, das einmal in der Zukunft von dem Lamm Gottes dargebracht werden sollte. **Wenn** das Werk der Priester *„ein Schatten, ein Beispiel, eine richtige Darstellung von dem Priesterdienst Christi im Himmel"* **(2)** gewesen wäre, wo wäre in diesem Fall das große Opfer gewesen, auf welches Jesu Dienst in einer ersten Abteilung im himmlischen Heiligtum hingewiesen hätte? Es gibt tatsächlich kein Opfer, auf welches der Dienst Christi in einer ersten Abteilung hätte hinweisen können. Jesus war selbst das große Opfer, das Lamm Gottes.

Die Priester in dem irdischen Heiligtum hatten in ihrem täglichen Dienst in der vorderen Hütte (der ersten Abteilung) auch nicht eine Reinigung von den Sünden ausgeführt, so wie es der Hohepriester Jesus gemäß Hebräer 1,3 nach seiner Himmelfahrt getan hatte. Und die gewöhnlichen Priester durften nicht in das Allerheiligste gehen vor den Gnadenthron. Das durfte nur der Hohepriester. Deshalb konnte der Dienst der Priester in der ersten Abteilung des irdischen Heiligtums auch nicht als *„ein Schatten, ein Beispiel, eine richtige Darstellung von dem Priesterdienst Christi im Himmel"* bezeichnet werden. Die Aussage von Uriah Smith befindet sich daher im Widerspruch zu dem, was der Brief an die Hebräer mitteilt. Nach seiner Himmelfahrt ging Jesus

> „durch sein Blut **einmal** in das Heilige ..." (Fettdruck: die Bibel) Hebräer 9,12.

68

„… hat gemacht die Reinigung unsrer Sünden durch sich selbst, hat er sich gesetzt zu der Rechten der Majestät in der Höhe …" Hebräer 1,3.

„Denn Christus ist nicht eingegangen in das Heilige, so mit Händen gemacht ist …, sondern in den Himmel selbst, nun zu erscheinen vor dem Angesicht Gottes für uns." Hebräer 9,24.

Nach Hebräer 9,12 ist Jesus **einmal** in das Heilige (das Heiligtum, das Allerheiligste, *https://biblehub.com/hebrews/9-12.htm*) in dem himmlischen Heiligtum eingegangen. Der Ausdruck „ist eingegangen" bezeugt, dass es bereits eine vollendete Tatsache war, als der Brief an die Hebräer geschrieben wurde. Bereits damals hatte Jesus seinen Platz zu der Rechten Gottes eingenommen, und er ist seitdem unser Mittler am Thron Gottes. Dass Jesus bereits zu der Zeit der Apostel unser Mittler am Thron Gottes war, bezeugt der Apostel Paulus. Er schreibt:

„Christus ist hier, der gestorben ist, ja vielmehr, der auch auferweckt ist, welcher ist zur Rechten Gottes und vertritt uns." Römer 8,34.

Bereits zur Zeit der Apostel befand sich Jesus zu der Rechten Gottes als unser Mittler und Hoherpriester. Auch das Markusevangelium bestätigt, dass Jesus nach seiner Auferstehung in den Himmel aufgefahren ist und sich zu der Rechten Gottes gesetzt hat:

„Und der Herr, nachdem er mit ihnen geredet hatte, ward er aufgehoben gen Himmel und sitzet zur rechten Hand Gottes." Markus 16,19.

„Sitzet" ist Präsens (Gegenwart), welches bedeutet, dass Jesus bereits zur rechten Hand Gottes gesessen hat, während Markus diese Worte schrieb.

Wir Menschen, die wir der Vergänglichkeit unterworfen sind, können uns keine rechte Vorstellung von den heiligen Stätten in der himmlischen Welt machen. Die Herrlichkeit des Heiligtums im Himmel ist unbeschreiblich. Was wir jedoch verstehen können durch die Briefe und Schriften der Apostel, ist, dass Jesus nach seiner Himmelfahrt direkt zu Gott in das Allerheiligste gegangen ist. Dort befindet er sich heute noch und vertritt uns (Römer 8,34).

Referenzen

1. https://biblehub.com/ojb/hebrews/9.htm
    Hebräer 9,24. „*Denn Christus ist nicht eingegangen in das Heilige* (Kodesh HaKodashim), *so mit Händen gemacht ist (welches ist ein Gegenbild des wahrhaftigen)* (the true Kodesh HaKodashim) ... "

2. Smith, Uriah, *Daniel und die Offenbarung*, S. 180, 181.

3. https://biblehub.com/ojb/hebrews/9.htm
    Hebräer 9,12. „*... sondern durch sein eigen Blut einmal in das Heilige gegangen* ...(Kodesh HaKodashim) ... "

4. Andreasen, M. L. (1988), *Der Heiligtumsdienst*, S. 18-19. Edelsteinverlag, 7744 Königsfeld.

Kapitel 8

Die 2300 Abende und Morgen in Daniel 8,14 und die Jahreszahl 457 v. Chr.

A m Anfang dieses Buches haben wir über William Miller gelesen, einen Baptistenprediger in Amerika. Miller interessierte sich sehr für die Prophezeiung von den 2300 Abenden und Morgen in dem Buch Daniel (im Alten Testament). Ein Text interessierte ihn besonders. Wir lesen ihn:

> „Ich hörte aber einen Heiligen reden; und ein Heiliger sprach zu dem, der da redete: **Wie lange soll doch währen solch Gesicht vom täglichen Opfer und von der Sünde, um welcher willen diese Verwüstung geschieht, dass beide, das Heiligtum und das Heer, zertreten werden?** Und er antwortete mir: **Bis zwei tausend drei hundert Abende und Morgen um sind; dann wird das Heiligtum wieder geweiht werden.**" (Fettdruck d. Verf.) Daniel 8,13-14.

William Miller nahm an, dass das in diesem Text erwähnte Heiligtum die Erde wäre und dass Jesus am Ende der 2300 Abende und Morgen wieder zur Erde zurückkommen würde, um sie zu reinigen. In Kapitel drei in diesem Buch betrachteten wir die folgenschwere Annahme, die im Zusammenhang mit den zwei Prophezeiungen über einerseits die 2300 Abende und Morgen in Daniel 8,14 und andererseits die siebzig Wochen in Daniel 9,24 gemacht wurden. Man nahm an, dass die zwei Zeitperioden zusammengehören würden und dass sie daher denselben Anfangspunkt hätten. Den Beginn der siebzig Wochen konnte man feststellen, denn es gibt ein historisches Ereignis, welches in der Bibel als Beginn dieser Zeitperiode angegeben wird. Im

Zusammenhang mit diesem Buch ist dieses jedoch von untergeordneter Bedeutung.

Wichtig ist, dass die Bibel für den Beginn der 2300 Abende und Morgen keinen Zeitpunkt angibt. Einen solchen Startpunkt musste man jedoch haben, um ausrechnen zu können, wann die 2300 Abende und Morgen zu Ende sein sollten. Miller wollte das Ende dieser Zeitperiode wissen, denn dann sollte das Heiligtum gereinigt werden, und Jesus sollte, wie Miller glaubte, wiederkommen zur Erde, um sie zu reinigen.

Um einen Anfangspunkt für die 2300 Abende und Morgen zu bekommen, machte man die folgenschwere Annahme, dass die zwei Zeitperioden (die 2300 Abende und Morgen in Daniel 8,14 und die siebzig Wochen in Daniel 9,24) zusammengehören würden. Auf diese Annahme folgten weitere Annahmen:

- Man nahm an, dass die 2300 Abende und Morgen „Tage" wären. In Kapitel drei in diesem Buch wurde bereits dargelegt, dass der Text in Daniel 8,14 nicht von „Tagen" handelt, sondern von „Abenden und Morgen", welche auf „Abend- und Morgenopfer" hinweisen (erev-boker) **(1)**

- Man nahm an, dass die 2300 „Tage" prophetische Tage wären, welche 2300 wirkliche Jahre bedeuten würden. (Nichts in Daniel Kapitel 8 deutet darauf hin, dass diese Zeitperiode 2300 Jahre dauern sollte.)

- Man nahm an, dass die siebzig Wochen von den 2300 Abenden und Morgen „abgeschnitten" wären. (Es gibt in der Bibel keinen Hinweis dafür, dass die siebzig Wochen von einer anderen Zeitperiode „abgeschnitten" sein sollten. Nach der *Orthodox Jewish Bible* waren die siebzig Wochen „decreed", „bestimmt", für Daniels Volk .) **(2)**

- Man nahm an, dass die siebzig Wochen „vom Beginn" der 2300 Abende und Morgen abgeschnitten wären. Auf diese Weise konnte man einen Anfangspunkt für die 2300 Abende und Morgen bekommen.

- Man nahm an, dass sich das Heiligtum in Daniel 8,14 auf das himmlische Heiligtum bezieht. Man fügte das Wort „himmlische" zu dem Wort „Heiligtum".

Mit Hilfe der verschiedenen Annahmen konnte man nun einen Anfangspunkt für die 2300 Abende und Morgen bestimmen. Dieser Anfangspunkt war das Jahr 457 v. Chr. (derselbe Anfangspunkt wie für die siebzig Wochen). Es sind, wohlgemerkt, ausschließlich Annahmen, die dieser Jahreszahl als Startpunkt für die 2300 Abende und Morgen zu Grunde liegen. Doch nun meinte man, dass man einen Anfangspunkt für diese Zeitperiode hatte, und man glaubte nun, ausrechnen zu können, wann Jesus wiederkommen würde zur Erde. Man rechnete von dem Jahr 457 v. Chr. 2300 Jahre voraus in der Geschichte und kam zu dem Jahr 1843 n. Chr. Wie früher schon erwähnt wurde in diesem Buch, kam Jesus nicht zu der errechneten Zeit. Später änderte man das Jahr und meinte, dass die Wiederkunft Christi am 22. Oktober 1844 stattfinden würde. Aber auch dieser Zeitpunkt verstrich, ohne dass Jesus kam. Die wartenden Gläubigen erlebten eine sehr große Enttäuschung.

Wie wir schon in einem früheren Kapitel dieses Buches gelesen haben, legte einer der Gläubigen (es war Hiram Edson) seine Gedanken vor. Seine Theorie war, dass Jesus, anstatt zur Erde zu kommen, die erste Abteilung im himmlischen Heiligtum verlassen und die Tür zu der zweiten Abteilung (dem Allerheiligsten) geöffnet habe und dort eingegangen sei. Dort habe Jesus nach Edsons Theorie mit der Reinigung des Heiligtums begonnen, welches nach adventistischer Theologie das „Untersuchungsgericht" bedeutet. Die Theorie, nach welcher das himmlische Heiligtum zwei Abteilungen habe und dass Jesus nach seiner Himmelfahrt in die erste (das Heilige) eingegangen sei, ist unauflösbar verbunden mit adventistischer Theologie. Diese

Theorie schließt auch eine andere adventistische Theorie ein, nach der Gott Vater (gemäß einer Vision von E. G. White) am 22. Oktober 1844 (am „Ende" der 2300 Abenden und Morgen) in einem feurigen Wagen von der ersten Abteilung (dem Heiligen) in die zweite Abteilung (dem Allerheiligsten) gefahren sei. Dieses wiederum schließt ein, dass Gott Vater irgendwann in dunkler Vergangenheit von seinem Wohnplatz im Allerheiligsten in eine „erste" Abteilung umgezogen sein muss, damit er nun in das Allerheiligste zurückziehen konnte.

Im Gegensatz zu diesen Vorstellungen ist Jesus gemäß der Bibel nach seiner Himmelfahrt direkt in das Allerheiligste im himmlischen Heiligtum gegangen, wo er seinen Platz zu der rechten Hand Gottes eingenommen hat (wie schon früher in diesem Buch dargelegt worden ist).

Wir wollen nun näher auf die Prophezeiung von den 2300 Abenden und Morgen eingehen. In dieser Vision ist die Rede von einem „kleinen Horn", das während 2300 Abenden und Morgen das Heiligtum zertreten und verunreinigen sollte. Nach den 2300 Abenden und Morgen sollte das Heiligtum wieder gereinigt werden. Um den Zusammenhang besser verstehen zu können, lesen wir diese Prophezeiung in Daniel 8,2-14. Es steht dort:

> „Und ich hob meine Augen auf und sah, und siehe, ein Widder stand vor dem Wasser, … Ich sah, dass der Widder mit den Hörnern stieß gegen Abend, gegen Mitternacht und gegen Mittag; und kein Tier konnte vor ihm bestehen, noch von seiner Hand errettet werden, sondern er tat, was er wollte, und ward sehr groß. Und indem ich darauf merkte, siehe, so kommt ein Ziegenbock vom Abend her über die ganze Erde, dass er die Erde nicht berührte; und der Bock hatte ein ansehnliches Horn zwischen seinen Augen. Und er kam bis zu dem Widder, der zwei Hörner hatte, den ich stehen sah vor dem Wasser, und er lief in seinem Zorn gewaltig auf ihn zu. … Und niemand konnte den Widder von seiner Hand erretten. Und der Ziegenbock ward sehr groß. Und da er am stärksten geworden war,

zerbrach das große Horn, und wuchsen an seiner Stelle ansehnliche vier gegen die vier Winde des Himmels. Und aus einem wuchs ein kleines Horn; das ward sehr groß gegen Mittag, gegen Morgen und gegen das werte Land. Und es wuchs bis an des Himmels Heer, und warf etliche davon und von den Sternen zur Erde, und zertrat sie. Ja, es wuchs bis an den Fürsten des Heeres, und nahm von ihm weg das tägliche Opfer, und verwüstete die Wohnung seines Heiligtums. Es ward ihm aber solche Macht gegeben wider das tägliche Opfer um der Sünde willen, dass es die Wahrheit zu Boden schlüge und, was es tat, ihm gelingen musste. **Ich hörte aber einen Heiligen reden; und ein anderer Heiliger sprach zu dem, der da redete: Wie lange soll doch währen solch Gesicht vom täglichen Opfer und von der Sünde, um welcher willen diese Verwüstung geschieht, dass beide, das Heiligtum und das Heer, zertreten werden? Und er antwortete mir: Bis zwei tausend drei hundert Abende und Morgen um sind; dann wird das Heiligtum wieder geweiht werden."** (Fettdruck d. Verf.) Daniel 8,2-14.

Dann hörte Daniel einen mit Menschenstimme rufen:

„Gabriel, lege diesem das Gesicht aus, dass er's verstehe!" Daniel 8,16.

Der Engel Gabriel erklärte dann Daniel das Gesicht. Nach den Worten Gabriels symbolisiert das erste Tier Medien-Persien:

„Der Widder mit den zwei Hörnern, den du gesehen hast, sind die Könige in Medien und Persien." Daniel 8,20.

Das andere Tier bedeutet Griechenland:

„Der Ziegenbock aber ist der König in Griechenland. Das große Horn zwischen seinen Augen ist der erste König." Daniel 8,21.

Von dem Ziegenbock steht in Daniel 8,8-12:

„Und der Ziegenbock ward sehr groß. Und da er am stärksten war, zerbrach das große Horn, und wuchsen an seiner Stelle ansehnliche vier gegen die vier Winde des Himmels. **Und aus einem wuchs ein kleines Horn;** das ward sehr groß ... Ja, es wuchs bis an den Fürsten des Heeres, und **nahm von ihm weg das tägliche Opfer,** ...“ (Fettdruck d. Verf.)

Als Griechenland unter Alexander dem Großen am mächtigsten war, starb Alexander der Große, und das Reich wurde aufgeteilt unter Alexanders vier Generäle in vier Reiche: Makedonien, Thrazien, Ägypten und Syrien. Von einem dieser Hörner sieht Daniel ein kleines Horn hervorkommen. Manche meinen, dass dieses kleine Horn aus einem der vier Winde kam. Aber das ist unwahrscheinlich. Dieses kleine Horn ist kein Reich, sondern ein bestimmter König. Hier ist die Auslegung, die der Engel in Daniel 8,21-25 mitteilt:

„Der Ziegenbock aber ist der König in Griechenland. Das große Horn zwischen seinen Augen ist der erste König. Dass aber vier an seiner Statt standen, da es zerbrochen war, bedeutet, dass vier Königreiche aus dem Volk entstehen werden, aber nicht so mächtig, wie er war. **In der letzten Zeit ihres Königreichs** ... wird aufkommen ein frecher und tückischer **König.** Der wird mächtig sein, doch nicht durch seine Kraft; er wird greulich verwüsten; und es wird ihm gelingen, dass er's ausrichte. ...“ (Fettdruck d. Verf.) Daniel 8,21-25.

Dieses kleine Horn, der freche und tückische König, sollte in der letzten Zeit ihres Königreichs (in der letzten Zeit der vier Reiche, in die das griechische Reich nach Alexander dem Großen aufgeteilt wurde) aufkommen. Die Bücher der Makkabäer enthalten reichlich Information in Bezug auf die Macht, die durch das kleine Horn in Daniel Kapitel 8 symbolisiert wird. Wir können in 1. Makkabäer 1,9-11 lesen:

„Nach seinem Tod ist das Reich auf seine Fürsten gekommen; die nahmen die Länder ein, ein jeglicher Hauptmann seinen Ort. Und sie machten sich alle zu Königen, und sie und ihre Nachkommen regierten lange Zeit. Von dieser Fürsten einem ist geboren **eine schädliche, böse Wurzel, Antiochus**, genannt der Edle ... **Und dieser Antiochus der Edle fing an zu regieren im hundert und sieben und dreißigsten Jahr des griechischen Reichs.**" (Fettdruck d. Verf.)

Es gibt auch geschichtliche Zeugen bezüglich der Macht, die durch das kleine Horn in Daniel Kapitel 8 dargestellt wird. Der jüdische Priester und Geschichtsschreiber Josephus schrieb:

„Und dass von ihnen ein gewisser König aufkommen sollte, der unser Land bezwingen sollte; er sollte unsere Regierung wegnehmen ... **und während drei Jahren den Opferdienst verbieten ... Und es geschah in der Tat, dass unser Land all das unter Antiochus Epiphanes erlitt gemäß der Prophezeiung Daniels.**" (Fettdruck d. Verf.) **(4)**

Es folgt hier ein weiteres Zeugnis in Bezug auf Antiochus Epiphanes:

„Antiochus IV. Epiphanes regierte 175-163 v. Chr. Er nahm den Namen Epiphanes (theos) an, welcher der ‚Sichtbargewordene (Gott)' bedeutet, um sich dadurch über die vielschichtigen Völker und Religionen in seinem Reich zu erheben. Unter den Juden versuchte er, eine Hellenisierungspolitik durchzuführen mit unter anderem einem Zeuskult in Jerusalem ..." **(5)**

In adventistischer Theologie wird dieses kleine Horn als ein Symbol für Rom in seiner ganzen politischen und religiösen

Geschichte angesehen. Diese Auslegung kann als unwahr betrachtet werden, da dieses kleine Horn nach der Erklärung des Engels ein bestimmter König war und **nicht** ein Reich in seiner ganzen politischen und religiösen Geschichte. Zudem sollte diese Macht das tägliche Opfer wegnehmen (den Opferdienst im Heiligtum verbieten); dieses hat Rom niemals getan.

Wir wollen nun zurückgehen zu den 2300 Abenden und Morgen und zu dem kleinen Horn in Daniel Kapitel 8, welches während einer Zeit von 2300 Abenden und Morgen das Heiligtum verunreinigen sollte. Weiter vorn folgt ein Zeitschema, aus dem mehrere wichtige Sachverhalte offenbar werden:

(a) Es kann nur entweder Antiochus IV. Epiphanes oder Rom sein, welche von dem kleinen Horn in Daniel Kapitel 8 symbolisiert werden.

(b) Geschichtlich kann es nicht Rom gewesen sein (siehe Zeitschema weiter vorn). Zudem sollte dieses kleine Horn ein bestimmter König sein und nicht ein Reich in seiner ganzen politischen und religiösen Geschichte. Als dieses kleine Horn aufkam, hatte Rom als Reich noch keinen näheren Kontakt mit den Juden.

(c) Geschichtlich (siehe Zeitschema) kann es jedoch auch nicht Antiochus IV. Epiphanes gewesen sein, für den das kleine Horn in Daniel Kapitel 8 ein Symbol war. Hier wird ein **Dilemma** sichtbar. Nach adventistischer Theologie sollten die 2300 Abende und Morgen im Jahr 457 v. Chr. beginnen, dem Jahr, in welchem nach derselben Theologie die Zeitperiode beginnen sollte, während der das Heiligtum von dem kleinen Horn in Daniel Kapitel 8, einem frechen und tückischen König, zertreten und verunreinigt werden sollte. Das Fatale dabei ist jedoch, dass Antiochus IV. Epiphanes im Jahr 457 v. Chr. (dem Jahr, in dem die Verunreinigung des Heiligtums durch das kleine Horn in

Daniel Kapitel 8 beginnen sollte) noch nicht aufgekommen war (siehe Zeitschema).

(d) Das Jahr 457 v. Chr. als Beginn der 2300 Abende und Morgen (und somit als Beginn der Verunreinigung des Heiligtums durch das kleine Horn in Daniel Kapitel 8) passt weder in die adventistische Theologie noch in die geschichtlichen Zusammenhänge (siehe Zeitschema). Das ist eine verblüffende Tatsache. Der Leser wird gleich sehen, wie dieses möglich sein konnte.

Wir wollen nun das oben erwähnte Zeitschema betrachten. Der Abstand zwischen den einzelnen Jahreszahlen ist nicht proportional mit der Zeit. Der Zweck des Schemas ist, die Ereignisse aufzuzeigen, die historisch aufeinander folgten:

551 v. Chr.	Daniel bekommt das Gesicht von den 2300 Abenden und Morgen (Daniel 8,1) **(6)**
539 v. Chr.	Daniel bekommt das Gesicht von den siebzig Wochen (Daniel 9,1-2) **(7)**
457 v. Chr.	**Das Jahr, in welchem nach adventistischer Lehre die 2300 Abende und Morgen beginnen sollten,** was bedeutet, dass (nach derselben Lehre) in diesem Jahr die Verunreinigung des Heiligtums durch **das kleine Horn in Daniel 8,9** beginnen sollte
302 v. Chr.	Das griechische Reich wird in vier Teilreiche aufgeteilt **(8)**
200-100 v. Chr.	**Das kleine Horn in Daniel 8,9 kommt auf.** Dieses kleine Horn verfolgte die Juden, verbot den Opferdienst und schändete das Heiligtum. Das Buch der Makkabäer in den Apokryphen berichtet eingehend davon. **(9)** (Antiochus IV. Epiphanes 215-164 v. Chr.; seine Regierungszeit 175-163 v. Chr.)
161 v. Chr.	Rom kommt in friedlichen Kontakt mit den Juden **(8)**
146 v. Chr.	Griechenland wird von Rom erobert **(8)**
63 v. Chr.	Palästina wird ein Teil des römischen Reiches **(8)**

Wir wollen uns noch einmal ins Gedächtnis rufen, was früher in diesem Buch dargelegt wurde in Bezug auf die 2300 Abende und Morgen.

Die Bibel gibt keinen Anfangspunkt für diese Zeitperiode an. Aber mit Hilfe mehrerer **Annahmen** hat man einen Zeitpunkt festgelegt, wann die 2300 Abende und Morgen beginnen sollten. Bei näherer und gründlicher Betrachtung hat es sich jedoch herausgestellt, dass sich der angenommene Zeitpunkt (das Jahr 457 v. Chr.) für den Beginn der 2300 Abende und Morgen in einem erstaunlichen Konflikt befindet sowohl mit adventistischer Theologie (die adventistische Theologie befindet sich in einem Konflikt mit sich selbst) als auch mit historischen Tatsachen. Es ist auch dargelegt worden in diesem Buch, dass der angenommene Startpunkt für die 2300 Abende und Morgen nicht in der Bibel verankert ist. Eine unbehagliche Tatsache. Das gesamte adventistische Glaubenssystem baut auf dem Jahr 457 v. Chr. Das, was E. G. White ein *„vollständiges, zusammenhängendes und logisches Wahrheitssystem"* **(10)** nennt und als *„goldene Glieder"* betrachtet, die zusammen ein *„vollkommenes Ganzes"* **(11)** bilden, hat sich erwiesen als nicht zusammenhängende Teile in einem System, das sich in einem Konflikt mit sich selbst befindet.

In Bezug auf folgende Punkte befindet sich die adventistische Theologie in einem Konflikt teils mit sich selbst und teils mit geschichtlichen Tatsachen:

(a) Der von Menschen angenommene Startpunkt für die 2300 Abende und Morgen (457 v. Chr.) befindet sich in einem Konflikt mit dem Ereignis, welches nach adventistischer Theologie zu diesem Zeitpunkt beginnen sollte (die Verunreinigung und Schändung des Heiligtums durch das kleine Horn in Daniel 8,9 sollte 457 v. Chr. beginnen). Dieses kleine Horn kam zeitlich erst über 200 Jahre später in der Geschichte auf. Eine historische Unmöglichkeit wird hier offenbar.

(b) Die adventistische Lehre, dass das kleine Horn in Daniel 8,9 ein Symbol für Rom in seiner ganzen politischen und religiösen Geschichte sein sollte, befindet sich im Widerspruch mit der adventistischen Lehre, dass der Startpunkt für die 2300 Abende und Morgen im Jahr 457 v. Chr. sein sollte. Rom kam zeitlich noch später (als Antiochus IV. Epiphanes) in Kontakt mit den Juden, und dieser Kontakt war friedlich. Geschichtlich wäre es unmöglich gewesen, dass die Verunreinigung des Heiligtums durch Rom im Jahr 457 v. Chr. (dem angenommenen Startpunkt für die 2300 Abende und Morgen) angefangen haben sollte.

(c) Das Jahr 457 v. Chr. als angenommener Startpunkt für die 2300 Abende und Morgen in Daniel 8,14 ist die Ursache für die geschichtlichen Unmöglichkeiten, die unter (a) und (b) genannt worden sind. Das Jahr 457 v. Chr. ist auch die Ursache, dass sich die adventistische Theologie im Widerspruch mit sich selbst befindet. Das Jahr 457 v. Chr. als angenommener Startpunkt für die 2300 Abende und Morgen in Daniel 8,14 ist der Fremdkörper, der die Ursache ist für die Konflikte und Widersprüche in der adventistischen Theologie, die in diesem Buch aufgedeckt worden sind.

Was sich hier herausgestellt hat, hat weit reichende Folgen. Wie zuverlässig ist ein Glaubens- oder „Wahrheits"system, das sich im Widerspruch mit sich selbst befindet? Mit der ersten verhängnisvollen Annahme, dass die zwei Gesichte (teils das Gesicht von den 2300 Abenden und Morgen und teils das Gesicht von den siebzig Wochen) zusammengehören sollten und deshalb denselben Startpunkt hätten, hat man einen Weg eingeschlagen, der von der Bibel wegführt. Und die adventistische Prophetin E. G. White hat diese Fahrtrichtung gutgeheißen und bekräftigt.

In adventistischer Literatur und adventistischen Bibelstudien wird davon ausgegangen, dass das Gesicht von den siebzig Wochen einerseits und das Gesicht von den 2300 Abenden und Morgen andererseits zusammengehören und dass die siebzig Wochen von den 2300 Abenden und Morgen „abgeschnitten" seien. Auf diese beiden folgenschweren Annahmen folgten weitere Annahmen. Zwischen den „goldenen" Gliedern, die E. G. White „eine vollkommene Einheit" nennt, befindet sich ein Loch, dort fehlt ein Glied. Da es dieses Bindeglied in der Bibel nicht gibt, musste eine Annahme gemacht werden – mit verhängnisvollen Folgen, deren eine das Aufkommen der neuen

Lehre von dem „Untersuchungsgericht" ist, von dem das nächste Kapitel handelt.

Referenzen

1. https://www.biblehub.com/ojb/daniel/8.htm
    Daniel 8,14: „And he said to me, Unto erev-boker two thousand and three hundred, then …"

2. https://www.biblehub.com/ojb/daniel/9.htm
    Daniel 9,24: "Shivi'im heptads is decreed upon thy people …"

3. White, E. G., *Spirit of Prophecy*, Bd. 1, S. 1129, Abschnitt "End of the 2300 days": "I saw the Father rise from the throne, and in a flaming chariot go into the holy of holies within the veil, and sit down." Auf deutsch: "White, E. G., *Erfahrungen und Gesichte*, S. 243, 45: „Ich sah den Vater sich von dem Thron erheben und in einem Feuerwagen in das Allerheiligste hinter den Vorhang gehen und sich niedersetzen."

4. Titus Flavius Josephus (94 n. Chr.), *Antiquities of the Jews*, Bd. 10, Kapitel 11.

5. *Bra Böckers Lexikon* (1988), Bd. 1, S. 244.
    Höganäs: Bokförlaget Bra Böcker.

6. *Svenska Folkbibeln 98*. „Im dritten Jahr des Königreichs des Königs Belsazer erschien mir, Daniel, ein Gesicht …" Daniel 8,1. Die Anmerkung in *Svenska Folkbibeln* zu diesem Vers: Das dritte Jahr des Königreichs Belsazers war das Jahr 551 v. Chr.

7. *Svenska Folkbibeln 98.* „Im ersten Jahr des Darius, des Sohnes Ahasveros, aus der Meder Stamm ..." Daniel 9,1-2. Die Anmerkung in *Svenska Folkbibeln* zu diesen Versen: Das erste Jahr des Darius war das Jahr 539 v. Chr.

8. *Bra Böckers Lexikon* (1988), Bd. 1, S. 244. Höganäs: Bokförlaget Bra Böcker.

9. 1. Makkabäer 1,7-10 och 16-64;
   1. Makkabäer 3,37;
   2. Makkabäer 9,7-10.

10. White, E. G., *The Great Controversy*, S. 423.

11. White, E. G., *Testimonies for the Church*, Bd. 3, S. 448.

Kapitel 9

Die adventistische Lehre von dem "Untersuchungsgericht"

Die adventistische Lehre vom „Untersuchungsgericht" ist eine neue Lehre, die sich ausschließlich in adventistischer Theologie findet. Den Begriff *Untersuchungsgericht* gibt es nicht in der Bibel, er kommt nur in adventistischer Literatur vor. Diese Lehre ist völlig neu und einmalig.

Wir gehen zurück zu der Zeit, als die Gläubigen vergeblich auf die Wiederkunft Jesu am 22. Oktober 1844 gewartet hatten. Damals hatte Hiram Edson, einer der wartenden Gläubigen, eine „Eingebung", dass Jesus, anstatt zur Erde zurückzukommen, die Tür zum Allerheiligsten im himmlischen Heiligtum geöffnet und mit der „Reinigung des Heiligtums" (welches in der adventistischen Lehre auch das „Untersuchungsgericht" genannt wird) begonnen hätte. Die adventistische Prophetin E. G. White schreibt darüber:

> „Zu der für das Gericht vorhergesagten Zeit, mit dem Ablauf der zweitausenddreihundert Tage im Jahr 1844, begann die Untersuchung und die Austilgung der Sünden. Alle, die jemals den Namen Christi angenommen haben, werden einer genauen Prüfung unterzogen." E. G. White, *Der grosse Kampf*, S. 485.

> „Unser Fürsprecher beginnt mit denen, die zuerst auf Erden lebten, ... und schließt mit den Lebenden. Jeder Name wird erwähnt, der Fall jedes einzelnen genau untersucht." E. G. White, *Der grosse Kampf*, S. 482.

Es wurde schon erwähnt in diesem Buch, wie die adventistische Lehre von dem Untersuchungsgericht aufkam. Nun soll der Inhalt dieser Lehre beleuchtet werden. Es wurde auch bereits dargelegt, dass die Lehre von dem Untersuchungsgericht voraussetzt, dass es in dem himmlischen Heiligtum zwei Abteilungen gibt. Wir haben jedoch gesehen, dass es keinen Beweis in der Bibel gibt für zwei Abteilungen in dem himmlischen Heiligtum, die durch einen physischen Vorhang voneinander getrennt sind. Nach dem, was die Apostel uns mitgeteilt haben, gibt es keinen physischen Vorhang im himmlischen Heiligtum (denn Jesus „mit seinem Fleisch" ist der Vorhang, Hebräer 10,20).

Wie die heiligen Stätten im Himmel im Einzelnen aussehen, können wir Menschen nur ahnen. Jesus ist der neue und lebendige Weg zu Gott. Im himmlischen Heiligtum liegt weder ein Bedarf für eine erste Abteilung noch für den Dienst eines Priesters in einer ersten Abteilung vor, denn Jesus als unser **Hoherpriester** hat bereits sein Amt im Allerheiligsten zur Rechten Gottes im Himmel angetreten.

Nach der adventistischen Lehre von dem Untersuchungsgericht soll Jesus am 22. Oktober 1844 die erste Abteilung im himmlischen Heiligtum verlassen haben und in die zweite Abteilung, das Allerheiligste, eingetreten sein. Dort soll er nach adventistischer Lehre mit der Reinigung des himmlischen Heiligtums von den bekannten Sünden der Gläubigen begonnen haben. Nach adventistischer Lehre ist die „Reinigung des Heiligtums" gleichbedeutend mit dem Untersuchungsgericht, in welchem alle Menschen, die sich in ihrem Leben zu Gott und Christus bekannt haben, einer genauen Prüfung unterzogen werden. Nach dieser Lehre beginnt die Untersuchung mit denen, die zuerst auf Erden lebten (ab Adam) und schließt mit den Lebenden. Nach adventistischer Lehre wird in dieser Untersuchung entschieden, wer des ewigen Lebens würdig ist. Nach dieser Lehre sind es nur Gläubige, deren Leben in dem Untersuchungsgericht geprüft wird.

Der Grund für den angenommenen Zeitpunkt (das Jahr 1844 n. Chr.), an welchem das Untersuchungsgericht nach adventistischer Lehre beginnen sollte, war die Prophezeiung in

Daniel 8,14. Dieser Text sagt, dass das Heiligtum nach 2300 Abenden und Morgen gereinigt werden sollte. Es heißt dort:

„Und er antwortete mir: Bis zwei tausend drei hundert Abende und Morgen um sind; dann wird das Heiligtum wieder geweiht werden." Daniel 8,14.

In Kapitel vier in diesem Buch wurden bereits die 2300 Abende und Morgen sowie das Jahr 1844 n. Chr. erwähnt. Zu dem Jahr 1844 n. Chr. kam man, indem man von 457 v. Chr. 2300 Jahre voraus in der Geschichte rechnete. Von 457 v. Chr. bis zur Zeitenwende sind 457 Jahre. Dann bleiben noch 1843 Jahre übrig von den 2300 (nach adventistischer Lehre) Jahren. Das Jahr 1843 n. Chr. wurde später geändert in das Jahr 1844 n. Chr. In diesem Jahr, so glaubte man, würde Jesus wiederkommen zur Erde. Aber er kam nicht. Die Gläubigen erlebten eine schwere Enttäuschung. Viele der Wartenden hatten ihren Besitz verkauft oder verschenkt oder hatten es unterlassen, ihre Ernten einzubringen (es war Herbst). Die Berechnung der Zeit stimmte, dachten die Gläubigen. Da hatte Hiram Edson, einer der Gläubigen, eine Eingebung, nach welcher Jesus, anstatt zur Erde zurückzukommen, in dem Jahr 1844 die erste Abteilung im himmlischen Heiligtum verlassen habe und in die zweite Abteilung, das Allerheiligste, in dem himmlischen Heiligtum eingetreten sei, um dort mit der Reinigung des Heiligtums zu beginnen, welches gleichbedeutend sei mit dem Untersuchungsgericht. Hiram Edson nahm an, dass es das himmlische Heiligtum wäre, das gereinigt werden sollte (an Stelle der Erde). Die adventistische Prophetin nahm diese Theorie auf und bestätigte sie, und somit wurde diese neue Lehre später zu einem „Hauptpfeiler" in dem adventistischen „Lehrgebäude".

In diesem Untersuchungsgericht wird nach adventistischer Lehre entschieden, ob ein Mensch des ewigen Lebens würdig ist oder ob sein Name ausgetilgt wird aus dem Buch des Lebens. Die Lehre von dem Untersuchungsgericht, das im Jahr 1844 angefangen haben soll im Himmel, ist eine grundlegende Lehre in adventistischer Theologie, die unerschütterlich verbunden ist mit dem adventistischen Glaubenssystem. Diese Lehre ist ein tragender Pfeiler. Das Unheimliche daran ist nur, dass dieser tragende Pfeiler auf einem unsicheren Grund gebaut ist, einem Grund, der aus menschlichen Annahmen besteht.

Eine Folge der adventistischen Lehre von dem Untersuchungsgericht ist, dass die Christen seit der Zeit der Apostel bis zum Jahr 1844 Jesus an der "verkehrten" Stelle gesucht haben. Diese Christen wussten, dass Jesus nach den Worten der Apostel seit seiner Himmelfahrt zur Rechten seines Vaters auf dem Thron Gottes im himmlischen Allerheiligsten war, wohin sie von den Aposteln ermuntert wurden, sich zu nahen:

> "So wir denn nun haben, liebe Brüder, die Freudigkeit zum Eingang in das Heilige durch das Blut Jesu, welchen er uns bereitet hat zum neuen und lebendigen Wege durch den Vorhang, das ist durch sein Fleisch …" Hebräer 10,19-20.

Der Ausdruck „das Heilige" in diesem Text bedeutet „das Allerheiligste" (*https://biblehub.com/ojb/hebrews/10.htm*). Die Worte „durch den Vorhang" beziehen sich auf das Allerheiligste, wie früher in diesem Buch bereits nachgewiesen wurde. **Es ist ein Ausdruck, der den Hebräern geläufig war.** Sie wussten, dass damit der Vorhang zwischen dem Heiligen und dem Allerheiligsten gemeint war. Der Begriff „Vorhang" in dem oben genannten Text wird in der *Orthodox Jewish Bible* mit „*Parokhet*" wiedergegeben, und in der *Aramaic Bible in Plain English* mit „*veil*". (*https://biblehub.com/aramaic-plain-english/hebrews/10.htm*) (*https://ojb/hebrews/10.htm*)

Das Tuch am Eingang zum Heiligtum dagegen wird in der *Orthodox Jewish Bible* mit „*Masach*" (screen) wiedergegeben. Die Übersetzung nach Luther gebraucht hier den Ausdruck „Tuch" (2. Mose 26,36).

Es besteht somit gar kein Zweifel, dass sich die Ausdrücke „*durch den Vorhang*" und „*in das Heilige*" in dem oben zitierten Text aus Hebräer 10,19-20 auf das Allerheiligste beziehen (und **nicht** auf eine erste Abteilung im himmlischen Heiligtum).

Zurück zu dem Text in Hebräer 10,19-20: Nach der adventistischen Lehre befand sich Jesus nicht dort, wohin die Gläubigen durch die Worte der Apostel ermuntert wurden, sich hinzuwenden. Nach adventistischer Theologie sollte sich Jesus in einer „ersten" Abteilung im himmlischen Heiligtum befunden haben. Die Gläubigen wären mit anderen Worten von den Aposteln irregeführt worden, **wenn** die adventistische Lehre war wäre. Aber wir haben das Zeugnis der Bibel, dass Jesus nach seiner Himmelfahrt in das Allerheiligste gegangen ist und sich gesetzt hat zu der Rechten seines Vaters auf den Thron Gottes.

Folgende biblischen und historischen Tatsachen zeugen davon, dass etwas offenbar falsch ist mit der adventistischen Lehre von dem Untersuchungsgericht:

- Von Abel steht geschrieben, dass er gerecht war vor Gott. Matthäus 23,35. Für gerecht befunden ohne Untersuchungsgericht.

- Mose, Henoch und Elia sind bereits in der himmlischen Welt. Matthäus 17,3; Hebräer 11,5. Für gerecht befunden ohne Untersuchungsgericht.

- Abraham, Isaak und Jakob werden nach der Bibel einst im Himmel sein. Matthäus 8,11. Für gerecht erfunden ohne Untersuchungsgericht.

- Paulus wusste schon zu seinen Lebzeiten, dass die Krone der Gerechtigkeit seiner wartete. 2. Timotheus 4,8. Ohne Untersuchungsgericht.

Die adventistische Lehre von dem Untersuchungsgericht kam auf als eine Folge der großen Enttäuschung darüber, dass Jesus nicht kam am 22. Oktober 1844.

Die große Enttäuschung wiederum war eine natürliche Folge der Berechnung einer Zeit für die Wiederkunft Christi zur Erde. Kein Mensch weiß hierüber etwas, nur Gott weiß die Zeit. Es war im Widerspruch zu den Worten Jesu, eine Zeit für dieses große Ereignis auszurechnen. Es war die Annahme eines Startpunktes für die 2300 Abende und Morgen, auf die sich die Errechnung einer Zeit für die Wiederkunft Jesu gründete. Mit Hilfe des vermeintlichen Startpunktes kam man auf das Jahr 1843, welches später geändert wurde in das Jahr 1844.

Diese Annahme (einen Startpunkt zu setzen) war eine Folge der ersten folgenschweren Annahme, nach der das Gesicht von den 2300 Abenden und Morgen einerseits und das Gesicht von den siebzig Wochen andererseits zusammengehören würden und deshalb einen gemeinsamen Startpunkt hätten.

Da der vermeintliche Startpunkt für die 2300 Abende und Morgen nicht in der Bibel verankert ist, sondern nur auf Annahmen baut, sind die Lehren, die auf diesem Startpunkt bauen, auch nicht in der Bibel verankert. Mit anderen Worten, sie haben keinen biblischen Grund. Es sind folgende Lehren:

* Jesu Dienst von seiner Himmelfahrt bis zum 22. Oktober 1844 in einer „ersten" Abteilung im himmlischen Heiligtum;

* Jesu Eintritt am 22. Oktober 1844 in das Allerheiligste im himmlischen Heiligtum (nicht vorher);

* der Beginn der „Reinigung des himmlischen Heiligtums" am 22. Oktober 1844, was nach adventistischer Theologie gleichbedeutend ist mit dem „Untersuchungsgericht";

* die Lehre von dem Untersuchungsgericht.

Durch diese Lehren unterscheidet sich der Adventismus sowohl von allen anderen christlichen Kirchen und Gemeinschaften als auch von den Briefen und Schriften der Apostel und biblischen Propheten.

Ich bin die Auferstehung
und das Leben.
Wer an mich glaubet, der wird leben,
ob er gleich stürbe.

Johannes 11,25

Kapitel 10

Die Reinigung des Heiligtums in Daniel 8, 14

Daniel schreibt:

> „Ich hörte aber einen Heiligen reden; und ein Heiliger sprach zu dem, der da redete: Wie lange soll doch währen solch Gesicht vom täglichen Opfer und von der Sünde, um welcher willen die Verwüstung geschieht, dass beide, das Heiligtum und das Heer, zertreten werden? Und er antwortete mir: Bis zwei tausend drei hundert Abende und Morgen um sind; dann wird das Heiligtum wieder geweiht werden." Daniel 8,13-14.

Wir verstehen, dass es das Heiligtum ist, welches nach 2300 Abenden und Morgen gereinigt und wieder geweiht werden sollte. Das Heiligtum ist demnach verunreinigt und entweiht worden, aber nach 2300 Abenden und Morgen sollte es gereinigt und wieder geweiht werden.

Aus den vorhergehenden Versen (Daniel 8,11-12) ist ersichtlich, dass das kleine Horn in Daniel 8,9 das tägliche Opfer weggenommen, das Heiligtum verwüstet (Vers 11) und die Wahrheit zu Boden geschlagen hatte. Alles das geschah wegen der Übertretung (Vers 12). Aus der Auslegung des Engels ist ersichtlich, dass das kleine Horn in Daniel 8,9 ein *„frecher und tückischer König"* war (Vers 23), der aufkommen sollte *„in der letzten Zeit ihres Königreichs"* (in der letzten Zeit der vier Teilreiche, in die Griechenland aufgeteilt wurde nach dem Tod Alexanders dem Großen).

Nach dem oben genannten Text in Daniel 8,13-14 sollte das Heiligtum während einer Zeit von 2300 Abenden und Morgen verwüstet werden. Danach sollte das Heiligtum gereinigt und wieder geweiht werden.

Wenn man Daniel Kapitel 8 im Zusammenhang liest, wird deutlich, dass es das irdische Heiligtum ist, welches hier gemeint ist. Es wurde bereits aufgezeigt in diesem Buch, dass im Zusammenhang mit den 2300 Abenden und Morgen mehrere Annahmen gemacht worden sind. Nach all diesen Annahmen wurden aus den 2300 *Abenden und Morgen* schließlich 2300 *wirkliche Jahre*, die in dem Jahr 1843 n. Chr. (später geändert in 1844 n. Chr.) zu Ende sein sollten. Und das *Heiligtum* wurde geändert in das *himmlische Heiligtum*, dessen Reinigung (nach adventistischer Lehre) von den bekannten Sünden der Gläubigen am 22. Oktober 1844 beginnen sollte.

Hier kommen ernste Fragen auf: Durch *wen* oder durch *was* wurde das Heiligtum in Daniel 8, 14 verunreinigt? Sind es die während des vergangenen Jahres bekannten Sünden der Gläubigen gewesen? Nach adventistischer Lehre sollte das Heiligtum von den bekannten Sünden der Gläubigen gereinigt werden.

Das Heiligtum in Daniel 8,14 wurde verunreinigt durch das kleine Horn in Daniel Kapitel 8 (einem frechen und tückischen König). Daniel 8,9-13, 23. Im Zuge dieser Verunreinigung entweihte dieser freche und tückische König das Heiligtum, indem er den Zeuskult einführte und die Tempeldienste der Juden verbot. **(1)** Hier folgt ein Zitat:

„Während einer Zeit, die in der Bibel nicht näher beschrieben ist (die Zeit zwischen dem Alten und Neuen Testament), wollte der hellenistische König Antiochus IV. Epiphanes das Judentum abschaffen. Er drohte mit Todesstrafe, wenn jemand eine Handlung ausführte, die mit dem Judentum zu tun hatte. ... Antiochus IV. Epiphanes entweihte den Tempel, indem er Zeusaltäre aufstellte und Schweine opferte sowie den Tempel in einen nicht-jüdischen Kultplatz verwandeln wollte. Die Seleukiden versuchten, den Priester Matatias Mackabaios zu verleiten, den griechischen Göttern zu opfern, aber er weigerte sich. Dieses führte zum Beginn eines Aufruhrs, der von Matatias Sohn Judas und dessen Brüdern geleitet wurde. Sie befreiten Jerusalem und den Tempel. Sie reinigten den Tempel von allem Götzendienst. Am 25. des Monats Kislev im Jahr 165 v. Chr. weihten sie den Tempel wieder. ... In einem gemeinsamen Beschluss durch Abstimmung beschlossen sie, dass das gesamte jüdische Volk jedes Jahr dieses Fest feiern sollte." **(2)** Jesus besuchte dieses Fest auch. Johannes 10,22.

In einem früheren Kapitel dieses Buches wurde der „Versöhnungstag" erwähnt. An dem Tag ging der Hohepriester in das Allerheiligste in dem irdischen Heiligtum und erwirkte Versöhnung für die gläubigen Israeliten. Dadurch wurde gleichzeitig auch das Heiligtum von den während des vergangenen Jahres bekannten Sünden der Gläubigen gereinigt. Dieser Tag wurde jedes Jahr am zehnten Tag des siebenten Monats gehalten. 3. Mose 23,27.

Aber – Hatte die Reinigung des Heiligtums in Daniel 8,14 etwas zu tun mit der Reinigung des Heiligtums an dem „Versöhnungstag", an dem das Heiligtum von den bekannten Sünden der Gläubigen gereinigt wurde? Nein. Die Reinigung des Heiligtums in Daniel 8,14 war eine Reinigung von der Entweihung und Verwüstung der heiligen Stätte durch das kleine Horn, den erwähnten frechen und tückischen König. Die Reinigung des Heiligtums wurde ausgeführt durch Judas Makkabäus und seine Brüder. **(3)**

Diese Reinigung des Heiligtums (Daniel 8,14) von der Entweihung durch das kleine Horn wurde danach jedes Jahr gefeiert. Es wurde „Lichtfest" genannt. Der historische Hintergrund zu dem Fest war die Rückeroberung Jerusalems und des Tempels von den hellenistischen Syriern im Jahr 165 v. Chr. durch die Makkabäer. **(2)** Jesus besuchte dieses Fest. Johannes 10,22.

Die adventistische Theologie setzt Daniel 8,14 in einen Zusammenhang mit dem Versöhnungstag, dem „großen, wirklichen Versöhnungstag", der nach dieser Theologie seit dem

22. Oktober 1844 in dem Allerheiligsten in dem himmlischen Heiligtum stattfinde und an dem (nach dieser Theologie) das himmlische Heiligtum von den Sünden der Gläubigen gereinigt werde. Hier macht man im Adventismus erneut eine Annahme, eine solche, die den Inhalt des Textes in Daniel 8,14 verändert. Daniel 8,14 handelt **nicht** von einem Versöhnungstag, an dem das Heiligtum von den bekannten Sünden der Gläubigen gereinigt wurde.

Es ist ein verhängnisvoller Fehler, den Text in Daniel 8,14 mit dem „Versöhnungstag" in Verbindung zu bringen. Die Reinigung des Heiligtums in Daniel 8,14 geschah, weil die heilige Stätte durch eine gottlose Macht, den frechen und tückischen König, das kleine Horn in Daniel 8,9 (Antiochus IV. Epiphanes) verunreinigt und entweiht worden war. Deshalb ist hier nicht die Rede von einem „Versöhnungstag", an dem bekannte Sünden von dem Heiligtum entfernt wurden.

Referenzen

1. 1. Makkabäer 1,7-10 und 20-59

2. www.kadosh.se/iframe-chanukka.asp

3. 1. Makkabäer 2,4 und 66;
    1. Makkabäer 4,36-54;
    2. Makkabäer 10,1-8.

Kapitel 11

Überlegungen

Tief in seiner Seele sehnt sich der Mensch nach etwas
Höherem als das Irdische, nach etwas, das beständig ist und
das dem Dasein einen tieferen Sinn verleiht. Der Mensch sehnt
sich nach warmer und herzlicher Gemeinschaft, und er sehnt sich
nach Gott. Das ist nicht verwunderlich, denn es steht schon in der
Bibel geschrieben, dass die Ewigkeit in des Menschen Herz ist.

> „Er hat die Ewigkeit in des Menschen Herz gelegt ...“
> Prediger 3,11. Übersetzt aus dem Englischen. Der Text
> lautet auf englisch:
> „... He has also set eternity in the human heart, ...”
> *(https://biblehub.com/ojb/ecclesiastes/3.htm)*
> *(https://biblehub.com/interlinear/ecclesiastes/3-11.htm)*
> *(https://biblehub.com/ecclesiastes/3-11.htm)*

Es ist deshalb für viele Menschen nicht ungewöhnlich, die
Gemeinschaft einer Kirche oder einer Gemeinde zu suchen.
Leider kommt es auch vor, dass sich der suchende Mensch einer
Gemeinde anschließt, deren Verkündigung nicht dem entspricht,
was wir von Jesus und den Aposteln empfangen haben.

In diesem Buch wurde dargelegt, wie aufgrund einer
Annahme (auf die mehrere Annahmen folgten) eine neue
Gemeinschaft mit einem neuen „Wahrheits"system entstand.

Das Evangelium der Bibel ruht auf historischen Tatsachen,
die die Apostel verkündigt haben und von denen sie Augenzeugen
waren. Der Adventismus dagegen baut auf Annahmen und einer
Zeitberechnung.

Der Ursprung des Evangeliums der Bibel liegt im Herzen
Gottes und in seiner Liebe zu den Menschen. *„Also hat Gott die
Welt geliebt, dass er seinen eingeborenen Sohn gab ..."* Johannes 3,16.

Historisch hat das Evangelium der Bibel seinen Ursprung vor der Erschaffung der Welt. „… *der zwar zuvor ersehen ist, ehe der Welt Grund gelegt ward* …" 1. Petrus 1,20. Der Ursprung des Adventismus ist ein angenommener Startpunkt für die 2300 Abende und Morgen und die Berechnung, wann diese Zeitperiode zu Ende sein würde.

Wir wollen noch einmal zurückgehen zu dem Gesicht von den 2300 Abenden und Morgen und dem Gesicht von den siebzig Wochen. Die Tatsache, dass sich die adventistische Theologie aufgrund der Jahreszahl 457 v. Chr. als Startpunkt für die 2300 Abende und Morgen in einem erstaunlichen Konflikt mit sich selbst befindet, zeugt davon, dass es ein fataler Fehler war, anzunehmen, dass die beiden Zeitperioden zusammengehören. Es war ein Fehler, zwei verschiedene Zeitperioden zu verbinden in dem Versuch, dadurch etwas ausrechnen zu können, was Gott den Menschen vorenthalten hatte. Der angenommene vermeintliche Startpunkt für die 2300 Abende und Morgen, das Jahr 457 v. Chr., ist die Ursache dafür, dass sich die adventistische Theologie in einem ernsten Konflikt mit sich selbst befindet. Das zeugt davon, dass die zwei Zeitperioden **nicht** zusammengehören und dass sie keinen gemeinsamen Startpunkt haben. Der erstaunliche Widerspruch innerhalb der adventistischen Theologie zeugt davon, dass das Jahr 457 v. Chr. im Zusammenhang mit den 2300 Abenden und Morgen keine Bedeutung hat, und dass die Lehren, die auf der Jahreszahl 457 v. Chr. als dem vermeintlichen Startpunkt für diese Zeitperiode bauen, unbiblisch sind (mit anderen Worten, es sind Irrlehren). Diese adventistischen Lehren (die wichtigsten) sind:

- Dass Jesus nach seiner Himmelfahrt in eine „erste" Abteilung im himmlischen Heiligtum gegangen sei;

- dass Jesus am 22. Oktober 1844 die Tür zu dem Allerheiligsten im himmlischen Heiligtum geöffnet habe und dort eingetreten sei;

98

-   dass Jesus am 22. Oktober 1844 mit der Reinigung des himmlischen Heiligtums begonnen habe, welches gleichbedeutend sei mit dem Untersuchungsgericht;

-   die adventistische Lehre von dem Untersuchungsgericht.

Die traurige Folge dieses Verfahrens (angenommen zu haben, dass die zwei Gesichte zusammengehören, und dann einen Startpunkt für die 2300 Abende und Morgen festgesetzt zu haben) ist das Aufkommen einer neuen Gemeinschaft mit einem neuen „Wahrheits"-system, von dem die Apostel nichts wussten. Besonders erwähnt sei hier die neue Lehre von dem Untersuchungsgericht, das am 22. Oktober 1844 in dem himmlischen Heiligtum begonnen haben soll; eine Lehre, durch die das Evangelium Jesu und sein vollbrachtes Erlösungswerk verdunkelt und sein Werk als unser Mittler zur Rechten Gottes entstellt werden.

Weitere Überlegungen in Bezug auf „das Heilige": Es stellt sich die Frage, weshalb der Versuch gemacht wird, unbedingt die wunderbare Tatsache zu unterdrücken, dass Jesus direkt nach seiner Himmelfahrt als Hoherpriester in das Allerheiligste im Himmel gegangen ist? Nehmen wir den Text in Hebräer 9,24: *„Denn Christus ist nicht eingegangen in **das Heilige** ..."* (Fettdruck d. Verf.) Der nächste Vers (Vers 25) lautet: *„... gleichwie der Hohepriester geht alle Jahre in **das Heilige** ..."* (Fettdruck d. Verf.) Der Adventismus verfehlt die umfassende Bedeutung des Begriffes „das Heilige", die in dem Vers 25 offenbar wird. Es steht dort, dass der Hohepriester alle Jahre in „das Heilige" geht. Ging er in die erste Abteilung? Nein. Er ging alle Jahre (einmal jedes Jahr) in die zweite Abteilung, „das Allerheiligste".

Wir wollen noch einmal den Text in Hebräer 10,19-20 lesen: *„So wir denn nun haben, liebe Brüder, die Freudigkeit zum Eingang in **das Heilige** durch das Blut Jesu, welchen er uns bereitet hat zum neuen und lebendigen Wege **durch den Vorhang, das ist durch sein Fleisch***

…" (Fettdruck d. Verf.) Der neue und lebendige Weg wohin? Zum Thron der Gnade im Allerheiligsten. Wenn Jesus der neue und lebendige Weg zu Gott ist, hat es einen alten und leblosen Weg gegeben. Der alte Weg im irdischen Heiligtum war die Vermittlung durch den Hohenpriester, wenn er einmal im Jahr **durch den Vorhang** in das Allerheiligste zu dem Gnadenstuhl ging. Die Versöhnung an dem großen Versöhnungstag wurde im Allerheiligsten am Gnadenthron erbracht, und nicht in der ersten Abteilung im irdischen Heiligtum. So kann auch die Vermittlung und Versöhnung des Hohenpriesters Jesus nicht getrennt werden von dem Allerheiligsten im himmlischen Heiligtum, wo sich Jesus zur Rechten Gottes an dem Gnadenthron befindet. Und dort ist er seit seiner Himmelfahrt, denn als der Brief an die Hebräer geschrieben wurde, bestand dieser **neue und lebendige Weg durch den Vorhang** bereits.

Von Bedeutung ist, wie das Wort „Vorhang" in dem Text in Hebräer 10,20 auf griechisch ausgedrückt ist. Das griechische Wort für diesen Vorhang ist

„Katapetasmatos". (https://biblehub.com/text/hebrews/10-20.htm).
Das hebräische Wort für diesen Vorhang ist *„Parokhet".*
(https://biblehub.com/ojb/hebrews/10.htm)
Mit *"Katapetosmatos"* und *„Parokhet"* ist immer der Vorhang gemeint zwischen der ersten Abteilung, dem Heiligen, und der zweiten Abteilung, dem Allerheiligsten im Heiligtum, während das „Tuch" am Eingang zum Heiligtum *„Masak"* (griechisch) und *„Masach"* (hebräisch) oder *„Hanging, Screen, Curtain"* genannt wurde. *(https://biblehub.com/text/exodus/26-36.htm)*
(https://biblehub.com/ojb/exodus/26.htm)
Es besteht daher keine Unklarheit, dass mit den Worten *„durch den Vorhang"* in dem Text in Hebräer 10,20 der Vorhang zum Allerheiligsten gemeint ist. Den Hebräern war der Ausdruck *„durch den Vorhang"* geläufig. Sie wussten, welcher Vorhang gemeint war und dass sich diese Worte auf das Allerheiligste bezogen.

Ein für alle Mal (englisch: once for all) ist Jesus nach seiner Himmelfahrt in das Allerheiligste im himmlischen Heiligtum gegangen. Siehe die zahlreichen Kommentare zu Hebräer 1,3; Hebräer 6,19-20; Hebräer 9,12; Hebräer 9,24:

https://biblehub.com/commentaries/hebrews/1-3.htm
https://biblehub.com/commentaries/hebrews/6-19.htm
https://biblehub.com/commentaries/hebrews/6-20.htm
https://biblehub.com/commentaries/hebrews/9-12.htm
https://biblehub.com/commentaries/hebrews/9-24.htm

Wir wollen nun noch etwas näher eingehen auf das fehlende Bindeglied. Wenn man die zwei Gesichte betrachtet (das Gesicht von den 2300 Abenden und Morgen in Daniel Kapitel 8 und das Gesicht von den siebzig Wochen in Daniel Kapitel 9), wird deutlich, dass zwischen den beiden Gesichten kein Bindeglied nötig ist. Die zwei Kapitel sind, jedes für sich betrachtet, vollkommen, wie sie in der Bibel stehen. Keines der beiden Kapitel braucht das andere, um ausgelegt zu werden. Erst mit dem Versuch, die beiden Kapitel zu verbinden in der Absicht, etwas ausrechnen zu können, was die Bibel nicht mitgeteilt hat, wird bei genauem Hinsehen offenbar, dass es kein Bindeglied zwischen den beiden Gesichten gibt. Deshalb musste eine Annahme gemacht werden, die Annahme, dass die zwei Kapitel (Daniel Kapitel 8 und 9) mit den beiden Gesichten zusammengehören.

Dass sich die adventistische Theologie in einem erstaunlichen Widerspruch mit sich selbst und mit der Geschichte befindet, wird erst sichtbar bei einer genauen Prüfung der biblischen und geschichtlichen Zusammenhänge, die das kleine Horn in Daniel Kapitel 8 betreffen. Die Ursache für diesen Widerspruch ist, dass man die beiden Gesichte als zusammengehörend betrachtet, um einen Startpunkt für die 2300 Abende und Morgen festlegen zu können. Bei dem Suchen nach der Ursache für diesen Widerspruch hat sich gezeigt, dass ein wichtiges Bindeglied fehlt, das Bindeglied, welches ein biblischer Beweis gewesen wäre, dass die zwei Zeitperioden wirklich zusammengehören. Da dieses Bindeglied fehlt, ist eine Annahme gemacht worden, auf die weitere Annahmen folgten.

Die traurige Tatsache ist: Was E. G. White *„goldene Glieder, die zusammen eine vollkommene Einheit bilden"* **(1)** und *„ein vollständiges, zusammenhängendes und logisches Wahrheitssystem"* **(2)** nennt, ist in Wirklichkeit keine vollkommene Einheit, denn es fehlt ein wichtiges Bindeglied. Deshalb musste eine Annahme gemacht werden, die erste folgenschwere Annahme, dass die beiden Gesichte zusammengehören. Nun **sah es so aus**, als seien es *„goldene Glieder, die zusammen eine vollkommene Einheit"* und *„ein vollständiges, zusammenhängendes und logisches Wahrheitssystem"* bilden.

Aber der Widerspruch innerhalb der adventistischen Theologie zeugt davon, dass das Jahr 457 v. Chr. (als Startpunkt für die 2300 Abende und Morgen) ein fremdes Element ist, das weder in die eigene (adventistische) Theologie noch in Daniel Kapitel 8, noch in den historischen Zusammenhang (das Aufkommen des kleinen Horns in Daniel Kapitel 8) passt. Die Ursache dafür, dass diese Jahreszahl zu ernsten Widersprüchen führt, ist, dass dieses Jahr als Startpunkt für die 2300 Abende und Morgen nur auf Annahmen gegründet ist. Auf diesem Startpunkt (dem Jahr 457 v. Chr.) baut das adventistische Wahrheitssystem mit der in adventistischer Theologie bedeutungsvollen Jahreszahl 1844 und den grundlegenden adventistischen Lehren (Lehren, die mit der Jahreszahl 1844 verbunden sind):

-   Jesu vermeintlicher Dienst von seiner Himmelfahrt bis zum 22. Oktober 1844 in der „ersten" Abteilung im himmlischen Heiligtum;

-   Jesu vermeintlicher Eintritt am 22. Oktober 1844 in das Allerheiligste im himmlischen Heiligtum;

-   Vermeintlicher Beginn der Reinigung des Heiligtums im Himmel am 22. Oktober 1844, welches als Beginn des Untersuchungsgerichts angesehen wird ;

-   Die adventistische Lehre von dem Untersuchungsgericht.

Wenn der angenommene Startpunkt für die 2300 Abende und Morgen nicht auf biblischem Grund baut, wie kann dann das System, welches darauf aufgebaut ist, einen festen Grund haben?

Wir wollen noch einmal auf einige Worte von E. G. White zurückkommen, die auf Seite 14 in diesem Buch zitiert wurden. Dort sagt E.G. White:

„Und während die Bibel Gottes Wort ist und beachtet werden muss, ist es ein großer Fehler, sie anzuwenden, wenn dadurch ein einziger Pfeiler erschüttert wird von dem Grund, den Gott die letzten fünfzig Jahre hindurch getragen hat. ..."

Aus dem Zitat geht hervor, dass der hier erwähnte Grund nicht älter war als fünfzig Jahre, als E. G. White diese Worte schrieb. Diesen Grund hat es demnach vorher nicht gegeben. Wir verstehen, dass hier der Grund gemeint ist, der von den ersten Adventisten und E. G. White gelegt worden ist. E. G. White warnt nachdrücklich davor, diesen Grund mit der Bibel zu prüfen, falls dadurch ein einziger Pfeiler erschüttert würde von dem Grund „den Gott die letzten fünfzig Jahre hindurch getragen hat".

In diesem Buch wurde dargelegt, dass dieser Grund, von dem E. G. White hier spricht, erschüttert worden ist durch den alten, festen und bewährten Grund der Bibel, den Grund, der gelegt wurde vor der Erschaffung der Welt.

„Einen andern Grund kann niemand legen außer dem, der gelegt ist, welcher ist Jesus Christus." 1. Korinther 3,11.

Noch einige Gedanken folgen in Bezug auf Jesu Eintritt in das himmlische Heiligtum:

Da man in adventistischer Theologie der unumstößlichen Auffassung ist, Jesus sei nach seiner Himmelfahrt in eine „erste" Abteilung gegangen und habe dort gedient bis zum Jahre 1844, und dass er am 22. Oktober 1844 die Tür zum Allerheiligsten im himmlischen Heiligtum geöffnet habe und dort eingetreten sei, um mit der Reinigung des Heiligtums zu beginnen, mögen hier biblische Referenzen von einer Anzahl anderer Bibelübersetzungen folgen, die davon zeugen, dass Jesus nach seiner Himmelfahrt in **das Allerheiligste** im himmlischen Heiligtum gegangen ist (und nicht in eine „erste" Abteilung). (_www.biblegateway.com_; _www.biblehub.com_)

Good News Translation
„When Christ went through the tent and entered once and for all into **the Most Holy Place** ..." (Fettdruck d. Verf.) Hebräer 9,12.

Der Deutlichkeit halber folgt ein Text aus demselben Kapitel in derselben Bibelübersetzung, der zeigt, dass _The Most Holy Place_ das Allerheiligste ist:

„A tent was put up, the outer one, which was called the Holy Place. Behind the second curtain was the tent called **the Most Holy Place**." (Fettdruck d. Verf.) Hebräer 9,2, 3.

Holman Christian Standard Bible
„He entered **the holy of holies** once for all..." (Fettdruck d. Verf.) Hebräer 9,12.

The holy of holies ist das Allerheiligste.

La Biblia de las Américas (spanisch)
„Porque había un tabernáculo preparado en la parte anterior, en el cual estaban el candelabro, la mesa y los panes consagrados; éste se llama el Lugar Santo (_das Heilige_, Amn. d. Verf.). Y detrás del segundo velo había un tabernáculo llamado **el Lugar Santísimo** (_das Allerheiligste_, Anm. d. Verf.) ..." (Fettdruck d. Verf.) Hebräer 9,2-3.

El Lugar Santísimo ist das Allerheiligste. Auch die spanische Bibel berichtet, dass Jesus nach seiner Himmelfahrt direkt in das Allerheiligste im Himmel gegangen ist.

Louis Segond 1910 (französisch)

„... et il est entré une fois pour toutes dans **le lieu très saint** ..." (Fettdruck d. Verf.) Hebräer 9,12.

Auch diese Übersetzung bestätigt, dass Jesus nach seiner Himmelfahrt ins Allerheiligste gegangen ist.

New Century Version

„Christ entered **the Most Holy Place** only once - and for all time." (Fettdruck d. Verf.) Hebräer 9,12.

„Christ did not go into the Most Holy Place made by humans, which is only a copy of the real one. **He went into heaven itself and is there now before God** to help us." (Fettdruck d. Verf.) Hebräer 9,24.

New International Version

„... but he entered **the Most Holy Place** once for all by his own blood ..." (Fettdruck d. Verf.) Hebräer 9,12.

„Therefore, brothers and sisters, since we have confidence to enter **the Most Holy Place** by the blood of Jesus ..." (Fettdruck d. Verf.) Hebräer 10,19.

New Living Translation

„With his own blood – not the blood of goats and calves – he entered **the Most Holy Place** once for all time and secured our redemption forever." (Fettdruck d. Verf.) Hebräer 9,12.

Orthodox Jewish Bible

„He entered **the Kodesh HaKodashim** once and for all …"
(Fettdruck d. Verf.) Hebräer 9,12.

Der Deutlichkeit halber sei hier Hebräer 9,2 und 3 zitiert,
woraus hervorgeht, dass *Kodesh HaKodashim* das Allerheiligste
bedeutet:

„… This part ist the Kodesh, the Holy Place (die erste
Abteilung, die *das Heilige* genannt wurde, Anm. d. Verf.). And
behind the Parokhet HaSheynit (bakom den andra förlåten,
Anm. d. Verf.) was the part of the Mishkan being called the
Kodesh HaKodashim (Hinter dem andern Vorhang aber war
die Hütte, die da heißt *das Allerheiligste*, Anm. d. Verf.)."
(*www.biblehub.com/ojb/hebrews/9.htm*)

The Complete Jewish Bible

„So, brothers, we have confidence to use the way into **the
Holiest Place** opened by the blood of Yeshua." (Fettdruck d.
Verf.) Hebräer 10,19.
Auf deutsch (nach Luther): „So wir denn nun haben, liebe
Brüder, die Freudigkeit zum Eingang in das Heilige durch das
Blut Jesu …"

„But when the Messiah appeared as cohen gadol
(Hoherpriester, Anm. d. Verf.) of the good things that are
happening already, then, through the greater and more perfect
Tent which is not man-made (that is, it is not of this created
world), he entered **the Holiest Place** once and for all."
(Fettdruck d. Verf.) Hebräer 9,11-12.
Auf deutsch (nach Luther): „Christus aber ist gekommen, dass
er sei ein Hoherpriester der zukünftigen Güter, und ist durch
eine größere und vollkommenere Hütte, die nicht mit der Hand
gemacht, das ist, die nicht von dieser Schöpfung ist … durch

sein eigen Blut **einmal** (Fettdruck die Bibel) in das Heilige eingegangen ..."

Wir wollen nun zusammenfassen, was in diesem Buch dargelegt wurde:

- Die angenommene Jahreszahl 457 v. Chr. als der Beginn der 2300 Abende und Morgen in Daniel 8,14 (die Periode, während der das Heiligtum geschändet werden sollte von dem kleinen Horn in Daniel Kapitel 8) ist die Ursache für die historische Unmöglichkeit und die erstaunlichen Widersprüche in der adventistischen Theologie, die offenbar geworden sind. Die Geschichte ist Zeuge, dass es ein verhängnisvoller und folgenschwerer Fehler war, ohne Stütze von der Bibel einen Startpunkt festzusetzen für die 2300 Abende und Morgen.

Die geschichtliche Unmöglichkeit ist folgende:
Nach adventistischer Theologie soll das kleine Horn in Daniel 8,9 Rom darstellen in seiner ganzen heidnischen und geistlichen Geschichte. Nach einer anderen Deutung soll dieses kleine Horn Antiochus IV Epiphanes darstellen. Dieses kleine Horn sollte das Heiligtum verwüsten. Die Verwüstung sollte 457 v. Chr. beginnen und 2300 Abende und Morgen dauern. Erstaunlich ist nur, dass das kleine Horn in Daniel Kapitel 8 im Jahr 457 v. Chr. noch nicht aufgekommen war. Antiochus IV Epiphanes regierte von 175-163 v. Chr. Er kam über 250 Jahre später in der Geschichte auf (siehe Tabelle auf Seite 80 in diesem Buch). Und Rom kam noch später in der Geschichte in Kontakt mit den Juden (161 v. Chr.). Dieser Kontakt war friedlich. Keine der beiden Mächte hätte demnach im Jahr 457 v. Chr. mit der Schändung des Heiligtums beginnen können. Der Fehler für diese

historische Unmöglichkeit ist in der Jahreszahl 457 v. Chr. zu suchen, dem Jahr, das man aufgrund menschlicher Annahmen als Startpunkt für die 2300 Abende und Morgen bestimmt hat. Diese historische Unmöglichkeit bezeugt, dass das ganze Lehrgebäude, das auf dieser Jahreszahl aufgebaut ist, keinen biblischen Grund hat, denn die Jahreszahl selbst als Startpunkt für die 2300 Abende und Morgen hat keinen Grund in der Bibel, sie ruht nur auf menschlichen Annahmen.

- Durch diese historische Unmöglichkeit wurde offenbar, dass die beiden Prophezeiungen über teils die 2300 Abende und Morgen in Daniel Kapitel 8 und teils die siebzig Wochen in Daniel Kapitel 9 nicht zusammengehören. Es fehlt das Bindeglied. Deshalb musste eine Annahme gemacht werden.

Seit seiner Himmelfahrt ist Jesus unser Fürsprecher am Thron seines Vaters. „Daher kann er auch selig machen immerdar, die durch ihn zu Gott kommen, und er lebt immerdar und bittet für sie." Hebräer 7,25. Seine Abschiedsreden an seine Jünger waren Worte des Trostes und der Hoffnung. Er sagte, dass er Wohnungen bereiten wollte, um die Seinen zu sich zu nehmen: „In meines Vaters Hause sind viele Wohnungen. Wenn's nicht so wäre, so wollte ich zu euch sagen: Ich gehe hin, euch die Stätte zu bereiten. Und wenn ich hingehe, euch die Stätte zu bereiten, so will ich wiederkommen und euch zu mir nehmen, auf dass ihr seid, wo ich bin." Johannes 14,2 und 3.

„Was kein Auge gesehen hat und kein Ohr gehört hat und in keines Menschen Herz gekommen ist, was Gott bereitet hat denen, die ihn lieben."
1. Korinther 2,9.

Referenzen

1. White, E. G. *Testimonies for the Church*, Bd. 3, S. 448.

2. White, E. G. *Der grosse Kampf*, S. 425.

3. White, E. G., *Counsels to Writers and Editors*, S. 31, 32.

Weitere Literatur über den Adventismus:

Cleveland, Sydney, © 2011. *White Washed, Uncovering the Myths of Ellen G. White*, LAM Publications, LLC, 733 East Black Diamond Dr. Casa Grande, AZ 85 122.

Gladson, Jerry, Phd, © 2000. *A Theologians Journey from Seventh-Day Adventism to Mainstream Christianity*, Life Assurance Ministries, P.O.Box 11587, Glendale, Arizona 85318.

Martin, Walter, © 2003. *The Kingdom of the Cults – The Puzzle of Seventh Day Adventism*, Bethany House Publishers, USA.

Ratzlaff, Dale, © 2007. *Truth about Adventist "Truth"*, LAM Publications, LLC, P.O.Box 11587, Glendale, Arizona 85318.

Ratzlaff, Dale, © 2009. *The Cultic Doctrine of Seventh-Day Adventism*, LAM Publications, LLC, P.O.Box 11587, Glendale, Arizona 85318.

Links:
www.LifeAssuranceMinistries.org
www.adventisten.de